# UNIQUE STORIES

# UNIQUE STORIES

Copyright © DVS Editora Ltda 2019

**Coordenação:**

Flávia Gamonar

**Revisão de texto:**

Martha Jalkauskas

Lucas Lima

**Capa e diagramação:**

Samuel Carminatti Ferrari

**Foto da autora:**

Rodrigo Rodrigues

*Todos os direitos para a língua portuguesa reservados pela editora.*

*Nenhuma parte dessa publicação poderá ser reproduzida, guardada pelo sistema "retrieval" ou transmitida de qualquer modo ou por qualquer outro meio, seja este eletrônico, mecânico, de fotocópia, de gravação, ou outros, sem prévia autorização, por escrito, da editora.*

```
        Dados Internacionais de Catalogação na Publicação (CIP)
               (Câmara Brasileira do Livro, SP, Brasil)

         Gamonar, Flávia
            Unique stories : como criar conteúdo no
         LinkedIn pode fortalecer sua marca pessoal, atrair
         oportunidades e destacar o que torna você único /
         Flávia Gamonar. -- São Paulo : DVS Editora, 2019.

            ISBN 978-85-8289-213-8

            1. LinkedIn (Rede social on-line) 2. Marketing na
         Internet 3. Redes de negócios - Recursos de rede de
         computador 4. Redes sociais on-line I. Título.

  19-24882                                       CDD-658.8
               Índices para catálogo sistemático:

         1. LinkedIn : Carreira profissional : Marketing na
               Internet : Administração    658.8

         Cibele Maria Dias - Bibliotecária - CRB-8/9427
```

# UNIQUE STORIES

Como criar conteúdo no LinkedIn pode fortalecer sua marca pessoal, atrair oportunidades e destacar o que torna você único

São Paulo, 2019
www.dvseditora.com.br

*Dedico este livro a familiares
e amigos que acreditaram
em meu trabalho e me
incentivaram a continuar.*

## AS HISTÓRIAS ÚNICAS QUE CARREGAMOS

Livros são como filhos para quem escreve. Você passa um tempo gestando e, de repente, ele encontra a luz. A diferença é que crianças ganham nome antes de a gente saber o que elas se tornaram. O pai imagina que o Pedro será médico, mas, no meio do caminho, ele se torna um fotógrafo premiado. Já no caso dos livros, a gente primeiro descobre o que ele é e, só depois, como vai se chamar.

Imagino que essa fosse a angústia da Flávia quando recebi seu recado no WhatsApp. Ela tinha acabado de escrever seu terceiro e novo livro (este mesmo que você está lendo) e queria minha opinião sobre o título.

Então ela me explicou de que se tratava. Era um livro sobre as pessoas encontrarem o que têm de único e utilizarem isso para alavancar suas carreiras, venderem seus serviços e produzirem conteúdo de caráter profissional.

Em outras palavras, em um mundo no qual o acesso ao conhecimento é cada vez mais fácil, como a gente consegue se diferenciar como profissional? Aliás, em um futuro próximo, quando estaremos competindo com robôs ultraeficientes no mercado de trabalho, como evidenciar justamente aquilo que eles não têm? Aquilo que é humano?

Suas duas opções eram *Unique Factor* (Fator Único, em português) ou *Unique Story* (História Única), e eu votei pela segunda. Vou contar para vocês como justifiquei isso.

Houve um momento na minha vida, há cerca de dez anos, no qual eu pedi demissão da empresa na qual trabalhava e fui empreender. Na verdade, fiz isso três vezes, mas essa foi a primeira e, por vários motivos, não deu muito certo. Dois anos depois, lá estava eu enviando currículos e cavando entrevistas no mercado publicitário. E agora?

Não é que eu não tivesse um bom CV. Eu tinha, sim. Fiz uma boa faculdade, passei por ótimas empresas e participei de alguns cases incríveis, mas era um momento de crise no país e havia um monte de gente disponível com experiências muito parecidas. Então, o que poderia me diferenciar?

Minha história, claro! Talvez eu tivesse chegado ao mesmo lugar que outros profissionais, mas minha jornada com certeza era diferente. Não porque tivesse sido uma jornada melhor ou pior, mas porque cada um tem seu próprio caminho na vida. O meu tinha duas transições de carreira antes dos trinta anos e uma experiência frustrada, mas interessantíssima, empreendendo. Não sei se era isso que todos os meus potenciais empregadores procuravam, mas certamente isso era o que eu poderia oferecer de único.

Então comecei a enviar, junto ao meu CV mais tradicional, um texto mais longo, no corpo do e-mail mesmo, contando tudo isso da forma a mais honesta possível. E não é que a minha história chamou atenção? Fui convocado para várias entrevistas, conheci muita gente legal e consegui um emprego. Um entrevistador até confessou que só leu o e-mail e nem abriu o currículo. Ele queria me conhecer independentemente de qualquer coisa.

Eu não quero, porém, ficar falando só de mim no prefácio de um livro escrito por outra pessoa, então vamos falar da autora, que eu conheço há algum tempo. Qual o "fator" dela?

Na minha opinião, a Flávia tem uma habilidade incrível para produzir conteúdo. A soma de inteligência, disciplina e sensibilidade voltadas para esse objetivo. De fato, não é qualquer um que tem isso, mas também não é que a Flávia seja a única no que faz.

Conheço algumas pessoas que têm os mesmos "fatores", mas não as mesmas histórias. Essas, sim, são únicas. A história da Flávia não só é bastante conhecida, como fez ela ficar conhecida. Mais do que isso, é uma história que dá pistas de como ela vê o mundo, de suas crenças, do jeito que age etc. Ela mesma conta sua história no primeiro capítulo deste livro.

Também poderíamos pensar sobre inúmeros casos de empresas cujas concorrentes são tecnicamente semelhantes, mas que se destacam justamente pela história. Quando você sabe de onde veio e o que sofreu o dono daquele restaurante, sua história de superação se transfere para o prato que você pede, realçando o sabor.

Em breve os robôs estarão aí assimilando, e melhorando nossas técnicas. Não precisando parar para dormir, comer e se divertir, não vai demorar para que tenham um currículo muito superior ao nosso. Ainda assim, não terão nossas histórias. O toque humano. Aquilo que nos faz únicos. Que faz você único inclusive, diferente de mim e da Flávia.

Por isso, este livro é essencial. Façam bom proveito dele e abracem suas histórias.

*__Bruno Scartozzoni__*
*Especialista em storytelling e*
*cofundador do StoryTalks*

# O INCRÍVEL PODER DE UMA HISTÓRIA

Topa participar de uma brincadeira comigo? Legal, então vamos lá. Pense numa maçã. Isso mesmo. Feche os olhos e pense numa maçã brilhosa, lisinha, bem vermelhinha. Agora pense: o que essa maçã representa pra você? Que ideias e conceitos associados a ela pipocam na sua cabeça?

Muito provavelmente veio à sua mente conceitos como saudabilidade e vida mais saudável, não é mesmo? Quem sabe você lembrou que está precisando se alimentar melhor, comer mais frutas. Talvez até tenha se lembrado daquele lema britânico, "one apple a day keeps the doctor away".

Agora vou descrever outra imagem pra você: imagine que essa maçã esteja caindo de uma árvore. Pronto! Seu cérebro já começou a processar uma nova série de conceitos e ideias diferentes. Não se preocupe. Não é você que está no comando neste momento. Relaxe. Venha comigo, me acompanhe.

Isso acontece porque o nosso cérebro sente prazer em preencher lacunas, em completar esse tipo de estímulo e provocação que recebemos pelos nossos sentidos. Quando nosso cérebro faz isso, uma carga de dopamina é liberada em nosso corpo. E somos absolutamente apaixonados pela sensação que a dopamina gera na gente porque ela aciona os nossos circuitos mais íntimos de recompensa.

Mas vamos lá, vamos voltar para a maçã que está caindo da árvore. Seu cérebro provavelmente acionou uma série de novos conceitos e ideias além das que você imaginou ao pensar na maçã sozinha. Há uma boa chance de o seu cérebro ter feito uma correlação direta com o momento "eureka" em que Newton desvendou o que viria a ser a lei da gravidade. E, a partir disso, gerou uma nova carga semântica de associações de ideias e conceitos, como ciência, descoberta, inovação, genialidade e por aí vai.

Agora, vamos seguir com a brincadeira. Vamos pegar essa mesma maçã lá na base da árvore e imaginá-la com uma mordida. Isso mesmo: uma maçã mordida. E agora, que conceitos e ideias surgiram na sua cabeça? Teria sido pecado, ousadia, transgressão, rebeldia? Quem sabe até o Steve Jobs apareceu por aí, quem sabe.

Não é incrível quando a gente percebe que um mesmo elemento, que descrevemos com as mesmas quatro letrinhas (m-a-ç-ã), pode ter toda uma carga semântica nova de significados diferentes? Tudo por uma mera mudança no universo contextual. O que mudou foi apenas a história que está em volta.

É exatamente este o incrível poder de uma história. Construir universos narrativos em torno das coisas. E essa coisa pode ser você.

Afinal, você só associou esses novos conjuntos de conceitos em torno da maçã por já ter escutado as histórias de Newton, e de Adão e Eva. O recurso narrativo tem esse poder incrível em nossa mente. Ele consegue gerar, ativar e fixar por muito tempo no inconsciente coletivo uma poderosa atmosfera viva de atributos, ideias e conceitos encadeados. Isso faz com que o cérebro humano seja movido por histórias.

São elas que acionam nossos gatilhos emocionais mais ancestrais. Que nos fazem tomar atitudes e dar o primeiro passo na direção dos nossos sonhos, das nossas crenças. Foi a capacidade de contar histórias que nos fez evoluir enquanto espécie sobre todas as demais existentes no planeta Terra. Essa incrível capacidade de nos conectarmos em torno de símbolos em comum foi o que possibilitou que nos uníssemos em causas únicas.

O fato é que a guerra entre produtos acabou. Vivemos hoje uma guerra entre percepções. E é preciso saber gerir essas percepções de forma competente, mas, ao mesmo tempo, autêntica e verdadeira. Assim como acontece com a gestão de imagem de empresas e produtos, acontece com a gestão de imagem de profissionais, da sua própria carreira.

É preciso ter em mente que uma guerra entre percepções é uma guerra por espaço mental na cabeça das pessoas. Muito se fala da alta concentração urbana e territorial. Que até 2030, 60% da população mundial viverá nas cidades, mas um desafio tão grande quanto é a elevadíssima concentração territorial-cerebral. Estudos dizem que uma pessoa recebe em torno de cinco mil estímulos de marcas todos os dias e lê, em média, cem mil palavras — infelizmente, boa parte dessas palavras não está em bons livros como este que você tem em suas mãos neste momento.

Afinal, como se destacar como profissional em meio a essa verdadeira era de infoxication em que as pessoas estão totalmente imersas em toneladas de informações e estímulos infinitos?

Como construir a sua marca pessoal em meio a essa selva de anseios e expectativas onde o acesso à informação é tão fácil e amplo que está gerando uma comoditização geral de currículos e trajetórias? Onde todos acabam por dominar as mesmas habilidades, diferenciar-se é decisivo para sobreviver e ser bem-sucedido.

Acredite no inexorável poder de uma boa e bem contada história para construir esse contexto narrativo positivo à sua volta. Cada um de nós percorre um arco narrativo próprio na vida. Um arco com início, meio e fim únicos, só nossos, que vamos escrevendo ao longo da nossa jornada. Você precisa preencher esse arco com capítulos que valham a pena ser lidos. Capítulos de uma história única, que inspire seus netos a contá-la um dia para seus bisnetos. De verdade. Não se contente com nada menos do que isso. Você deve ser ambicioso e ousado nesse desejo íntimo e profundo. Como disse certa vez Leo Burnett, "sempre tente alcançar as estrelas. Você pode até não conseguir, mas certamente não terminará com um punhado de terra nas mãos".

E a mágica acontece justamente quando você encontra essa sua forma única e própria de combinar e encaixar essas habilidades em perspectiva. Essa é a força vital que age na sua história de vida, fazendo com que ela seja única. Aquela forma só sua de correlacionar e aplicar na sua existência diferentes skills. Por mais que você adquira os mesmos conhecimentos que muitos outros profissionais, a forma como você articula esses conhecimentos em seu arco narrativo é o que vai fazer com que sua história se torne única. Ou seja, a sua história precisa ser autêntica. É preciso ser fiel à sua verdade mais íntima e original. O que você faz e a forma como você age, nas mais diferentes situações, precisam ser condizentes e coerentes com o que você prega na sua fala, nas suas mensagens e conteúdos compartilhados pelo LinkedIn ou onde for.

E, acredite, você não poderia estar em melhores mãos para conduzir você nessa trajetória de construção do seu arco narrativo pessoal. A Flávia é uma daquelas pessoas que emanam uma energia única. Que vibram de uma forma tão intensa que fazem com que se forme um campo magnético de positividade à sua volta.

Ao ter a oportunidade de ler tudo que ela escreveu neste livro, com tanta competência e carinho, é como ser convidado para fazer parte desse campo magnético positivo que ela tem em volta de si. E acredite: você sairá desta experiência mais energizado do que nunca para imprimir a sua marca no mercado e tornar a sua história única e remarkable.

**Raul Santahelena**
*Gerente de publicidade e mídia na Petrobras, professor de planning na Miami Ad School/ESPM, autor dos livros* **Truthtelling**: *por marcas mais humanas, autênticas e verdadeiras e* **Muito além do Merchan**: *como enfrentar o desafio de envolver as novas gerações de consumidores.*

# SUMÁRIO

**Capítulo 1**
Unique stories e seus poderes. . . . . . . . . . . . . **19**

**Capítulo 2**
LinkedIn, muito mais que apenas
um lugar para conseguir emprego. . . . . . . . . . . **39**

**Capítulo 3**
Todo mundo precisa produzir
conteúdo no LinkedIn?. . . . . . . . . . . . . . . . . **47**

**Capítulo 4**
Especialistas, os novos
influenciadores nas redes sociais. . . . . . . . . . . **55**

**Capítulo 5**
Deixando claro quem você é
e seus objetivos profissionais . . . . . . . . . . . . . **63**

**Capítulo 6**
Formatos de conteúdo no LinkedIn . . . . . . . . . **71**

**Capítulo 7**
Entendendo quem é seu público-alvo . . . . . . . . **79**

**Capítulo 8**
Sobre o que falar?. . . . . . . . . . . . . . . . . . . **87**

**Capítulo 9**
Tamanho, estrutura e formatação do conteúdo . . . **101**

**Capítulo 10**
Como criar um bom título? . . . . . . . . . . . . . **117**

**Capítulo 11**
Segredos para um bom conteúdo . . . . . . . . . . **133**

**Capítulo 12**
Como conseguir mais leitores . . . . . . . . . . . . **145**

**Capítulo 13**
Ninguém é igual a você e esse é seu poder . . . . . **153**

**Referências Bibliográficas**
. . . . . . . . . . . . . . . . . . . . . . . . . . . . **159**

# CAPÍTULO 1
# UNIQUE STORIES E SEUS PODERES

Toda vez que faço uma consultoria sobre como usar melhor o LinkedIn, a primeira coisa que digo ao participante é "conte-me sua história profissional, como você chegou até aqui". A partir daí, costumo ouvir sobre as mais diversas trajetórias, todas elas sempre interessantes, justamente por irem além das linhas que um currículo costuma revelar.

## CAPÍTULO 1

É raro encontrar alguém que desde cedo soubesse o que queria fazer profissionalmente, aquele que estudou uma área, se formou dentro do tempo previsto sem nenhuma adversidade e que, assim que terminou o curso, já conseguiu o emprego que queria, foi promovido e passou o restante da vida realizado. A vida real não é assim, simplesmente porque ela não é linear. Há altos e baixos, vitórias e fracassos, descobertas e redescobertas. Há recomeços, demissões, períodos de desemprego e dúvidas sobre o que fazer e para onde ir. Há mudanças de países não previstas, falências, questões familiares e até doenças repentinas que mudam tudo do dia para a noite. É no meio de tudo isso que está sua *unique story*, o que lhe torna único como profissional.

Quando comecei a escrever este livro, eu acreditava que ele deveria ter como título *"unique factor"*. Ao refletir melhor e até conversar com outros profissionais amigos, entendi que, na verdade, não se tratava de apenas um fator isolado.

Bruno Scartozzoni, um amigo especialista em *storytelling*, que escreveu um dos prefácios do livro, me ajudou a ver que apenas gênios conseguiram grandes feitos ou super-histórias por conta de apenas um fator. Esse papo me ajudou a clarear a ideia de que eu deveria apostar mesmo no *"story"*, não no *"factor"*.

Eu queria a opinião de outro amigo e também comentei sobre meu dilema com Raul Santahelena, autor do livro *Truthtelling*, que também escreveu um dos prefácios desta obra. Na visão dele, uma *unique story* é composta por uma pluralidade de fatores, dentre eles, pessoais e profissionais, "contextualizados no espírito do tempo, que o fizeram ascender e evoluir", como diria o Raul.

Uma *unique story* não é algo a se criar, ela já existe dentro de você, talvez só não esteja formatada ou clara para si mesmo. Ao longo de sua vida continuará acontecendo, a partir de novos fatos que serão somados dia a dia. Essa trajetória sempre será única.

Você pode ser um excelente contador, mas igual a você podem existir vários outros. Entretanto, o que apenas você viveu é o que lhe torna único. Inclusive o que deu errado, o que ficou para trás faz parte disso. Como você poderá usar isso em favor de sua imagem ou como isso o levará a novas possibilidades e conexões?

Nem sempre as pessoas conseguem resgatar dentro de si mesmas quais são essas histórias. Para muitos, é bastante difícil "se vender"; para outros, pode soar até egocêntrico o processo e acabam por evitar pensar nisso ou falar sobre isso.

Resgatar dentro de si e usar a seu favor sua própria história não se trata de virar um chato, como aqueles palestrantes que, antes de começarem suas falas, decidem falar sobre si mesmos durante vários minutos e diversos slides, quase que de forma arrogante. Com isso, acabam comunicando o que é irrelevante para o público e perdem a chance de causar impacto, se tivessem optado por serem mais concisos em suas introduções, se tivessem buscado começar de uma forma que rapidamente os conectasse com as pessoas. A verdade é que atualmente um simples Google em seu nome resolve tudo, de modo que, se alguém quiser saber a fundo quem é você, conseguirá.

## CAPÍTULO 1

No livro TED Talks (2016), Chris Anderson destaca que qualquer um com uma ideia digna de ser divulgada é capaz de realizar uma palestra eficaz. Não é autoconfiança ou a presença de palco que o farão falar bem, mas ter algo importante a dizer.

Uma ideia não precisa ser uma teoria complexa ou uma invenção genial, mas coisas simples, capazes de mudar a visão de mundo de outras pessoas. A atenção das pessoas é uma mercadoria preciosa e não se deve desperdiçá-la com conversa mole, pois você está concorrendo com milhares de outras solicitações de tempo e energia, como e-mails, mensagens e até mesmo o cansaço, que podem ser um pretexto para que as pessoas se distraiam. Sua *unique story* não é necessariamente uma palestra e as ideias de Chris Anderson são completamente aplicáveis quando você está escrevendo ou comunicando sua história, seja em seu perfil do LinkedIn, entrevista de emprego ou qualquer outro lugar que faça sentido.

### Currículos x perfis online

Em currículos impressos ou em PDF, nossa preocupação costuma ser seguir à risca a cartilha da boa prática. Tendemos a escrever o mínimo possível, porque não queremos gerar páginas e mais páginas que, em nossa cabeça, não serão lidas por um recrutador. É nesse momento que nos tornamos mais um, pois escondemos as histórias que nos fizeram chegar até aqui. É exatamente assim que deixamos de citar o que seria mais interessante sobre quem somos agora, que às vezes faz muito mais sentido e contam mais sobre nós que os empregos que tivemos, os cursos que fizemos e o que escrevemos no currículo.

Enquanto preferimos ser sucintos nos currículos tradicionais, em uma rede social profissional como o LinkedIn encontramos a oportunidade de fazer diferente. É um site, está online, é navegável. Não seremos lidos apenas por recrutadores, mas por pessoas de todos os tipos e lugares. Quem estiver acessando pode escolher o que ver. Ali, há espaço para escrever sobre você, um resumo que deveria contar e contextualizar tudo o que foi registrado em seu perfil. Palavras que poderiam contar sua história, conectar pontos, dar muito mais sentido ao que você faz e ao seu momento profissional atual. E, acredite, é possível contar essa história de uma maneira relevante e curta.

A área de resumo de seu perfil na plataforma é o lugar ideal para deixar clara sua *unique story*. E não só ali, mas em várias outras áreas dele e em momentos de seu dia a dia. Logo abaixo de seu resumo no LinkedIn você pode agregar elementos visuais adicionando rich media, que permite anexar de forma fixa em seu perfil fotos, vídeos, links, slides e muito mais, o que você considerar relevante sobre sua carreira que possa ser divulgado para ir além do texto.

Sua *unique story* escrita precisa ser uma extensão do seu discurso no dia a dia, de quem você é de verdade. Não será nada legal ter um texto incrível sobre você e sua história se na prática você não for aquela pessoa.

**Aprendendo a deixar apenas o que é relevante**

No mundo das startups, um termo bastante usual é o "*elevator's pitch*", isto é, se você estivesse em um elevador com alguém importante, um possível investidor para seu negócio, e tivesse apenas uns poucos segundos para chamar a atenção dele, o que você diria? Com certeza, quanto

## CAPÍTULO 1

mais certeiro você fosse e usasse os elementos precisos para falar sobre aquilo, mais chances teria de conseguir a atenção dele.

É claro que na vida real quase nunca uma situação como essa acontece e que em entrevistas de emprego temos um pouco mais de tempo para nos apresentarmos. Entretanto, ninguém consegue falar bem e de forma efetiva sobre algo que não conhece direito. Se o modelo de negócios do empreendimento em questão não está claro, o empreendedor que quer atenção do investidor não conseguirá sua atenção. Do mesmo modo, se você não se conhece como profissional, tampouco conseguirá comunicar bem sua história, seus propósitos e objetivos.

Falar mais sobre você e sua história não significa fazer uma sessão de terapia com quem está perto de você. Não se trata de descarregar sua vida toda, mas de conseguir pinçar fatos relevantes para ganhar atenção. Não significa que todo mundo que conseguiu uma oportunidade de trabalho interessante pelo LinkedIn apostou em um resumo assim. Inclusive, há milhares de pessoas que foram contratadas mesmo tendo um perfil básico e um texto curto sobre si em seu resumo, porque diversas outras coisas podem ter influenciado essa avaliação.

Sempre que estou fazendo uma consultoria eu ajudo a reescrever a história do meu cliente. Quem está ali sabe tudo que viveu, mas nem sempre isso está claro para ele mesmo ou em seu texto. Juntos reorganizamos os fatos e damos sentido aos acontecimentos, para que quem chegar naquele perfil encontre transparência e autenticidade da pessoa que tem mais propriedade e mais conhece sua história: o dono do perfil. Por trás dessa pessoa pode existir uma mãe de trigêmeos, um chocólatra, um contador que de noite é DJ, um empreendedor iniciando seu negócio próprio, um professor que depois de anos de atuação mudou drasticamente de área. Pitadas de sua vida pessoal também podem aparecer em uma rede social profissional.

Nós, seres humanos, nascemos gostando de histórias. Elas geram interesse, empatia, emoção e curiosidade. Aliás, o psicólogo americano Jerome Bruner, um dos pioneiros no estudo de Psicologia Cognitiva, descobriu em suas pesquisas que um fato tem 20 vezes mais chance de ser lembrado se estiver ancorado em uma história.

**Unique story das empresas**

Empresas também podem se diferenciar deixando claro sua *unique story*. O cuidado continua sendo igual: evitar apostar na fantasia para não causar problemas. É preciso alinhar discurso à prática. Há casos bastante conhecidos de empresas que, na tentativa de se diferenciarem, criaram histórias falsas, que inicialmente as fizeram parecer incríveis. Entretanto, algum tempo depois, o público descobriu a verdade e ficou bastante frustrado. Essas frustrações podem levar a crises.

Boas histórias podem ajudar a humanizar a marca, a diferenciá-la e a se conectar melhor com o público. Em *Truthtelling* (2017), Raul Santahelena afirma que "marcas que assumem uma postura humana, autêntica e verdadeira em todos os pontos de contato e micromomentos da cadeia de valor, comungando um propósito verdadeiro e único com a sociedade, são aquelas que conseguirão criar relações mais profundas em significado e resultados". O novo consumidor não abre mais seu coração ou sua cartei-

## CAPÍTULO 1

ra para marcas com discurso vazio ou repletos de lorotas disfarçadas de verdade.

Essa autenticidade faz muito sentido em um mundo transparente, que já não aceita mais o "bullshitelling", ou seja, aquelas tentativas de aplicar o *storytelling* para tornar um fato mais interessante, mas que acabam não funcionando bem por exagerarem nas histórias ou mesmo por tentarem empurrar lorotas e mundos perfeitos goela abaixo do leitor. Aliás, já que falamos sobre *storytelling*, é interessante explicar melhor o conceito.

No livro *Storytelling: aprenda a contar histórias com Steve Jobs, Papa Francisco, Churchill e outras lendas da liderança*, publicado em 2017 por Carmine Gallo, o termo é definido como "o ato de enquadrar uma ideia em uma narrativa que informa, esclarece e inspira". As histórias são meios pelos quais você transfere ideias e levá-las adiante envolvendo-as com emoção, contexto e relevância o ajudará a tornar-se alguém valioso. Cabe lembrar que *storytelling* não é algo que fazemos, mas o que somos.

Mais do que aplicar o *storytelling*, buscar o *truthtelling*, "um movimento por um mundo mais humano e genuíno, que clama por mais respeito e autenticidade nas relações, mais franqueza no discurso e mais transparência na atuação", como define Raul Santahelena. Ou seja, "dizer a verdade, ter veracidade, ser honesto, sincero e franco. Ser autêntico, leal consigo mesmo". Histórias verdadeiras não precisam ser decoradas; elas foram vividas na pele e são conhecidas de cabo a rabo.

Uma prova de que caminhamos para um mundo cada vez mais autêntico é o sucesso das comunidades baseadas em truthsourcing, como o TripAdvisor. Por meio desse site, pessoas que se hospedaram em hotéis os avaliam da forma a mais sincera possível para ajudar outras que venham a se interessar pela opção. Não há como controlar o que o cliente diz e por qual meio ele fará isso.

Em um mundo repleto de ruído e concorrência não há espaço para criar mais do mesmo e esperar que funcione. Ficar sentado esperando que as coisas aconteçam ou seguir apostando em conteúdos que não engajam ou que apenas fazem propaganda e não são nada relevantes.

Há muito mais chances de se fazer negócios com quem as pessoas conhecem (know), gostam (like) e confiam (trust) , e, para isso, é preciso trabalhar para construir uma marca forte e visível. Em outras palavras, ninguém confia em alguém que não é transparente, que não age com respeito ou que não inspira confiança.

No contexto do LinkedIn, a *unique story* da empresa pode estar presente em sua company page, mas um erro comum é copiar e colar a seção do site que define a empresa por meio do famoso combo "missão, visão e valores", que costuma ser muito engessado.

**A minha unique story**

Até 2014 eu era uma funcionária dedicada, que acreditava que por muitos anos permaneceria na empresa em que atuava, até que certo dia eu fui demitida. De um minuto para o outro eu havia perdido o que considerava praticamente o meu tudo, o emprego. Naquela época eu não havia cultivado nenhum plano B e, a partir dali, tudo o que me restava era um acerto financeiro pela demissão, que eu não sabia quanto tempo duraria. Além disso, tentativas de enviar currículo para lá e para cá, no anseio de conseguir um novo trabalho.

Apesar de sempre ter gostado de empreender, eu ainda não via muitas possibilidades sobre como trabalhar com um negócio próprio e confesso que, logo após aquele baque, eu nem tinha forças para pensar em fazer isso. Até tentei fazer doces para vender, mas deu tudo errado.

Nunca ninguém havia me dito que eu deveria fazer a gestão de minha própria carreira e que eu poderia apostar em planos paralelos, tampouco que eu deveria manter meu currículo sempre atualizado e apostar fortemente no *networking*. A verdade é que eu já não fazia um currículo há tanto tempo que nem sabia por onde começar e como me lembraria das coisas que precisava atualizar nele.

Durante algum tempo eu tive vergonha de anunciar publicamente que estava desempregada. Comecei a procurar trabalho em anúncios de jornais e sites, disparava meu currículo para todo lado e até considerei fazer coisas completamente diferentes e ganhar bem menos, mas nada dava certo. Eu já tinha uma conta no LinkedIn, mas quase não a utilizava. Então, decidi escrever um post em meu Facebook pedindo por indicações de vagas, até que uma colega me enviou um link. Foi assim que eu consegui um novo emprego, seis meses depois de ser demitida. Não foi pelo LinkedIn, porque eu ainda não sabia usar a rede.

Assim que comecei a trabalhar novamente, senti que havia aprendido uma grande lição. Eu deveria, sim, me dedicar ao trabalho e ser uma excelente profissional, mas nunca mais abandonaria os cuidados com minha carreira. A partir dali, fiz cursos, atualizei meu perfil no LinkedIn e comecei a conhecer novas pessoas. Foi também nessa época que comecei a escrever artigos sobre temas variados.

O primeiro artigo que publiquei no LinkedIn foi para testar a ferramenta. Eu não sabia exatamente sobre o que escrever, nem qual deveria ser o tamanho. Ainda não tinha uma noção clara sobre qual seria o resultado, se teria leitores, se meu título funcionaria. O resultado? Consegui três curtidas. Meu primeiro artigo era realmente ruim. Além de muito curtinho, levava uma imagem sem graça e um título problemático, específico demais. Daquela forma ficava difícil as pessoas o acharem interessante, de fato.

Mesmo não obtendo bons resultados, eu decidi continuar. Não estava preocupada com números. Queria levar minhas ideias adiante. Publiquei mais alguns e os resultados ainda eram ruins, mas eu me animava ao receber o comentário de alguém estranho dizendo que havia gostado. Isso me motivava a continuar.

Certo dia eu acordei inspirada, com vontade de falar sobre algo diferente. Até então eu havia publicado temas muito técnicos, que não levavam quase nada sobre mim. Quando decidi escrever "O que aprendi com minha primeira demissão", resgatei do fundo da alma tudo que ainda doía ao ter vivido uma demissão. Ali já existia uma *unique story*, que receberia fatos novos com o passar do tempo.

Meu artigo não tinha a intenção de despejar reclamações, mas de compartilhar as lições que eu havia aprendido e que me tornaram mais forte. Era a primeira vez que eu escancarava o que havia vivido, da forma a mais humana e real possível. Era um desabafo, que me ajuda-

## CAPÍTULO 1

va finalmente a deixar para trás os traumas que haviam ficado até ali.

Ao publicar aquele artigo, eu imaginava que os resultados seriam parecidos com os outros que havia publicado, mas, algumas horas depois, fiquei impressionada com a quantidade de pessoas que haviam interagido com aquela publicação e com os comentários que deixavam, dizendo se identificar muito com a minha história. Foi a partir disso que eu me vi ainda mais empolgada a continuar escrevendo. Eu tinha voz! Eu poderia ser lida por todos os cantos do mundo! Eu podia ser útil e fazer a diferença na vida de alguém. Podia ser eu mesma, finalmente. Estava deixando vir à tona o que havia me tornado única em tudo que eu havia vivido.

Publicar artigos tornou-se então parte de minha rotina profissional. Sempre que eu me sentia inspirada, escrevia novas publicações com ideias que pudessem ajudar ou inspirar outras pessoas. Enquanto fazia isso, também estava contando muito sobre mim, sobre o conhecimento em minha área e minha própria história. Logo comecei a receber convites para oportunidades diversas: dar aulas, criar conteúdo pago para blogs de empresas, fazer parcerias, ir a eventos, dar palestras e até mesmo para ser sócia de empresas.

Eu estava descobrindo aos poucos o quanto o conteúdo era poderoso para minha carreira e como ele transformava meu perfil de um mero currículo digital para uma vitrine viva, um portfólio dinâmico sobre quem eu era profissionalmente, que contava mais sobre minha história, visões e experiências do que apenas aquelas linhas descrevendo minha formação acadêmica ou trajetória profissional. Ou do que aqueles artigos técnicos seguindo a cartilha do politicamente correto.

Aos poucos fui aprendendo quais títulos funcionavam melhor, sobre quais temas escrever, que recursos levar ao meu conteúdo, se deveria apostar em um artigo maior e mais embasado para falar sobre aquele tema ou se um post menor no *feed* funcionaria, se havia um horário melhor para publicar, entre outros.

Oito meses depois de começar a escrever artigos no LinkedIn, minha rede havia dado um salto. Eu havia passado de uma profissional do interior de São Paulo completamente desconhecida a alguém que já era lida por muita gente no Brasil e no mundo, isso porque alguns de meus artigos viralizaram e foram parar em lugares que nunca poderia imaginar. As demandas já eram muitas e eu descobri que, como profissional de marketing de conteúdo que já tinha uma vontadezinha de empreender, eu poderia apostar em meu negócio próprio, criando conteúdo para blogs de outras empresas, por exemplo. É claro que eu tinha medo de deixar meu emprego, o salário, as pessoas que trabalhavam comigo, mas eu decidi que precisava ir e pedi demissão.

Comecei a atender empresas, mas segui criando conteúdo em meu próprio perfil. Às vezes apostava em temas mais técnicos, compartilhando conhecimento sobre marketing. Em outros momentos, falava de histórias mais pessoais, que de algum modo se conectavam ao mundo profissional e que poderiam ser úteis a outras pessoas, mas, a partir dali, sempre conectando com minha história pessoal.

## CAPÍTULO 1

Alguns anos se passaram e várias coisas incríveis aconteceram. Produzir conteúdo no LinkedIn me levou longe. Em 2016 fui escolhida como uma entre 15 brasileiros que criaram conteúdo no LinkedIn, recebendo a chancela de *top voices*. Ganhei dois prêmios relevantes na categoria marketing de conteúdo por meio de votação popular, dei treinamentos para empresas que nunca imaginei, ajudei mais de 4.000 alunos a aplicarem o marketing de conteúdo às suas carreiras, fiz uma palestra TEDx contando sobre minha reviravolta profissional e trabalhei em um projeto na Áustria, tornando-me uma instrutora oficial LinkedIn *Learning*.

Além disso, escrevi dois livros - o *DisrupTalks: carreira, empreendedorismo e inovação em uma época de mudanças rápidas*, com mais dois autores, e o *Me dê seu crachá, eu te acompanho até a porta: uma conversa sobre carreira, do você está demitido ao pedi demissão* -, e, atualmente, estudo o assunto em meu doutorado. Hoje há mais de um milhão de seguidores em meu perfil por conta dos conteúdos que produzi nos últimos anos. Meu trabalho tem a missão de ajudar profissionais e empresas a descobrirem suas *unique stories* e a produzirem conteúdo capaz de impulsionar suas marcas e atrair oportunidades.

Pode-se dizer que tenho aqui uma versão expandida de minha história, da trajetória única que trilhei em minha vida profissional. Não significa que ela sempre será contada dessa forma, com esse tamanho. É possível ser denso e relevante de igual modo reduzindo em muito a história, adaptando-o a cada contexto em que venha a ser utilizada. Ter em mente essa história de maneira clara me ajudará a estruturar palestras, apresentações pessoais e cursos que eu venha dar e podem permear diversos conteúdos que eu produzir, trazendo meu sentido para o que faço e fazendo com que as pessoas se lembrem muito mais de mim e do meu trabalho.

**Autenticidade como fator de sucesso**

Durante algum tempo eu me perguntei qual era a característica principal para que os conteúdos que produzi ao longo desses anos funcionassem bem e gerassem tanta identificação com as pessoas. Depois de muito pensar, certo dia cheguei à resposta: talvez tenha sido a autenticidade presente na forma como eu comunicava minha história e meu conhecimento.

Na maioria das vezes crescemos acreditando que para ter sucesso devemos nos inspirar em outras pessoas e até querer ser como elas de algum modo. E, logo que comecei a escrever, eu estava presa ao formato que era esperado em uma rede social profissional: artigos técnicos e formais, que não carregavam nada sobre mim e provavelmente por isso os resultados não eram bons. Não é isso o que nos ensinam sempre no mundo profissional? Ser apenas profissional, não revelar muito sobre quem somos como seres humanos?

À medida que emprestei mais de mim, envolvendo cada conteúdo criado dentro de um contexto e também revelando algumas de minhas fragilidades do dia a dia e aspectos da vida real, sem mascarar realidades, consegui uma identificação maior com o público.

**Unique stories na prática**

Uma de minhas alunas de consultoria é uma profissional que inicialmente havia se formado em Farmácia. Ela con-

## CAPÍTULO 1

cluiu a faculdade e foi atuar na área, mas logo percebeu que não estava feliz com o que fazia. Então, ela descobriu o coaching. Decidiu se formar na área como um caminho que a ajudasse a se encontrar profissionalmente. Foi assim que ela entendeu que não precisaria mais atuar como farmacêutica, mas que poderia ajudar, como coach, outros profissionais que desejavam se encontrar profissionalmente.

Contar essa história em seu resumo do LinkedIn ou até mesmo distribuir esse acontecimento por meio dos conteúdos que ela vier a produzir na rede fará com que tudo tenha mais sentido e propósito. Uma história por trás de toda essa trajetória que deixa claro por que ela passou de farmacêutica a coach. Ajudará até mesmo a não causar estranheza caso alguém analise o currículo dela e veja a mudança drástica de área.

Em outro caso, atendi uma moça que havia decidido deixar o Brasil para acompanhar o marido em uma transferência de emprego. Nesse período ela ficou sem trabalhar e aproveitou para se dedicar ao filho pequeno, fazer cursos de idiomas e de sua área, e também para conhecer mais do país. Depois de um tempo atuando fora naquele projeto, o marido havia recebido a notícia de que mudaria novamente de país, com grandes chances de voltarem para o Brasil. Com isso surge a preocupação de ela conseguir um novo trabalho, visto que ficou um período sem atuar. Além de atualizar o perfil dela, eu recomendei que deixasse essa história aflorar em seu perfil e até mesmo nas possíveis entrevistas de emprego que viesse a fazer.

Ou seja, ser sincera, não ter vergonha alguma de dizer que ficou sem trabalhar aquele período, seja por opção ou por conta das circunstâncias, mas aproveitando para dar ênfase sobre como aquela experiência foi positiva e a ensinou coisas novas, sobre como melhorou seu inglês ao estudar fora e precisar praticar o idioma, e até mesmo sobre a parceria e compreensão com o momento profissional do marido, optando por deixar o que fazia no Brasil para acompanhá-lo e apoiá-lo.

Essa história pôde ajudar a construir a *unique story* dela. E sempre que falo em "construir", não necessariamente me refiro a criar, mas a descobrir quais foram esses fatos e organizá-los, expressá-los, externá-los e comunicá-los.

O que o torna único no que você faz agora? Conecte isso à sua história e deixe aflorar nos conteúdos que você produzir no dia a dia, na sua fala, no modo como se apresenta. Uma dica: fuja daquele clichê de dizer que "é porque eu ofereço qualidade" e coisas desse tipo. Isso é pouco criativo e não vai diferenciá-lo porque se tornou um bordão. Aqui é interessante deixar aflorar o que eu chamo de "menos *history*, mais *story*". Ou seja, transforme sua trajetória em uma história, contextualize, justifique, amarre as pontas. Reflita sobre os caminhos que percorreu até chegar ao seu momento e deixe isso claro para as pessoas.

### O que você vai encontrar por aqui

Neste livro eu compartilho o "máximo de conteúdo por metro quadrado" que posso sobre como produzir artigos e posts de *feed* em seu LinkedIn para ajudá-lo em sua carreira. Eles são uma oportunidade para escrever sobre diversos assuntos que mostrem mais sobre você como profissional.

## CAPÍTULO 1

É importante deixar claro que essa é apenas uma das coisas que você pode fazer para ser um profissional melhor ou para gerir sua carreira e conseguir novas oportunidades. Isso porque há uma vida toda lá fora. Não basta passar todo seu tempo criando conteúdo para que as coisas funcionem, tampouco falar sobre qualquer coisa ou sobre assuntos que você não domina para parecer alguém interessante, por estar protegido por uma tela. Conteúdo sensacionalista e polêmico pode até fazer você crescer, mas é preciso se perguntar de que forma eles o ajudam a construir uma imagem séria e sólida como profissional. A ética precisa prevalecer.

O *networking* também acontece olhando nos olhos. Ainda é importante se atualizar lendo livros e fazendo cursos. Pode-se conseguir emprego de outras formas e sempre existirão diversos aspectos que poderão impedi-lo de conquistar seus objetivos profissionais, ainda que você se esforce para produzir bons conteúdos.

Aqui focaremos bastante no LinkedIn como plataforma para publicar seus conteúdos, já que se trata de uma rede social profissional cuja vantagem é ter uma base de usuários conectada. Isso amplia suas chances de ser lido por mais pessoas e ainda fortalece sua imagem profissional, funcionando bem melhor do que se estivesse publicando em um blog ou em outra plataforma, nos quais é um pouco mais difícil direcionar tráfego.

Contudo, sempre que usamos plataformas alugadas, como é o caso do LinkedIn, corremos riscos. Elas não são nossas, estão sujeitas a mudanças em suas funcionalidades e até mesmo em suas políticas de uso, e, por isso, não é recomendável construir todo um império de conteúdo em uma só plataforma. Além disso, elas são continuamente atualizadas, de modo que algumas orientações técnicas presentes neste livro podem ficar desatualizadas.

    De todo modo o que quero dizer é que você pode publicar conteúdo em várias plataformas com o objetivo de impulsionar sua carreira - o LinkedIn é apenas uma delas. Eu me comprometo a mostrar o caminho para usar ao máximo o potencial dessa ferramenta para conhecer mais pessoas, tornar mais visível seu trabalho e compartilhar suas ideias de uma forma autêntica, conectando sua história ao conteúdo sempre que possível.

# CAPÍTULO 2
# LINKEDIN, MUITO MAIS QUE APENAS UM LUGAR PARA SE CONSEGUIR EMPREGO

O LinkedIn é uma rede social profissional com milhões de usuários em todo o mundo. Em seus primórdios, era bastante focado em recrutamento e seleção, mas, com o passar do tempo, foi evoluindo e lançando novas funcionalidades. Hoje, de acordo com o próprio LinkedIn, os usuários passam 15 vezes mais tempo consumindo conteúdo do que procurando emprego.

Agora, além de criar um perfil/currículo e de visualizar vagas anunciadas por empresas, os usuários podem se conectar a outras pessoas, conhecidas ou não, consumir e produzir conteúdo, e muito mais, seja por meio da versão desktop ou do aplicativo para celular.

Para empresas, o LinkedIn oferece soluções diversas que as ajudam a fazer anúncios segmentados na plataforma e encontrar candidatos ideais para as vagas que dispõem.

Para que a busca por um novo emprego dê certo, é preciso que aconteça um "match" entre o que você busca e o que a empresa quer. É preciso cumprir requisitos, passar por etapas, apresentar-se bem na entrevista, gostar das condições oferecidas, entre outras coisas. Além disso, são processos que envolvem percepções e decisões humanas, ou seja, dependem muito dos valores e da visão da empresa e do recrutador contratar este ou aquele candidato. Ou seja, não é porque você mantém uma conta no LinkedIn que necessariamente conseguirá emprego pela plataforma.

Profissionais em início de carreira geralmente possuem pouca bagagem e nem sempre seus primeiros empregos são aqueles que gostariam de ter. Às vezes recebo alunos de vinte e poucos anos completamente frustrados por não conseguirem bons cargos ou por não serem promovidos na velocidade de suas expectativas, mas, nessa idade, é preciso lembrar que é preciso ser paciente e persistir porque o aprendizado, a maturidade e a experiência só virão com o tempo.

Infelizmente o contrário também é uma verdade. Às vezes a concorrência é tanta que até mesmo um profissional com um currículo qualificado não consegue as oportunidades que gostaria e, em alguns momentos, pode acabar aceitando uma posição inferior para não ficar sem trabalho.

Por que estou falando sobre isso? Porque antes de usar o LinkedIn é preciso considerar todas essas questões. Não significa que, por estar na plataforma, dezenas de vagas serão oferecidas. Há um conjunto de coisas a fazer para aumentar suas chances. Tampouco significa que o simples fato de estar nela seja suficiente, que, como mágica, sua carreira irá mudar.

O primeiro passo ao criar uma conta é preencher seu perfil da forma a mais completa que puder. Isso não precisa ser feito imediatamente, mas reservar um tempinho semanal ou diariamente para preencher e manter atualizadas as informações é importante.

Assim que cria a sua conta, você tem em mãos "uma folha em branco". Precisará fornecer dados se quiser ser encontrado e isso inclui considerar palavras-chave estratégicas sobre sua área de conhecimento, ajuda as pessoas a chegarem até você, seja por meio de uma pesquisa interna na própria plataforma, como via buscadores, tipo Google. Sem informações providenciadas por você mesmo, fica difícil encontrá-lo. Até mesmo para facilitar que recrutadores cheguem ao seu perfil por meio de buscas segmentadas ou da análise que farão de seu perfil, o conteúdo vai ajudar.

Veja algumas dicas para seu perfil:

**A foto ideal**

» Um perfil sem foto pode afastá-lo de oportunidades; 80% das pessoas rejeitam pedidos de conexão de usuários sem foto.

### CAPÍTULO 2

» Mantenha sua foto sempre coerente com sua aparência atual; troque-a periodicamente.

» Evite usar fotos com pessoas aparecendo ao lado; elas podem confundir sobre quem é você.

» Imagens segurando bebidas, aparência desleixada, decotes exagerados, ou seja, tudo o que não pega bem no contexto profissional deve ser evitado.

» Busque usar uma foto em que se possa ver seu rosto com clareza, ou seja, sem muito zoom.

» Fotos "com cara de RG" podem parecer antiquadas.

» A qualidade também deve ser considerada, para que a imagem não fique pixelada.

**Seu título profissional**

» Sua foto, seu nome e seu título profissional o acompanham em todas as suas interações no LinkedIn; são seções extremamente importantes em seu perfil.

» Seu título precisa deixar claro sua expertise, independentemente de seu cargo; isso porque o nome exato pode aparecer na experiência profissional.

» Não há um jeito certo de escrever seu título; tudo depende de seu momento e objetivo, na verdade. Se você é funcionário de uma empresa e está completamente focado nela, pode optar em usar o nome de seu cargo no título - ou pode usar algo mais genérico.

» Para chegar a um bom título, pense: se lhe tirassem o nome de seu cargo, quem você seria no final do dia? Qual sua maior especialidade? Isso ficando claro, está ótimo.

» Há pessoas que não têm um nome de cargo definido ou não conseguem se definir ou que até sentem receio de colocar um determinado nome. O importante é escrever algo que deixe claro o que você faz.

» Quem tem mais de uma atuação, pode usar barras para separá-las. Não há problema algum em ter funções paralelas ou empreender conjuntamente com seu emprego e deixar isso claro em seu perfil (a não ser que seu chefe ou empresa vejam problemas nisso). Em geral, o perfil é seu, não da empresa.

**Um resumo sobre você**

» Em seu perfil há áreas destinadas à sua experiência profissional e formação acadêmica; não é preciso repetir isso em seu resumo.

» Resumo é espaço para contextualizar, conectar pontos, tornar mais clara sua história e quem você é; deve levar palavras-chave estratégicas para aumentar suas chances de ser encontrado.

» Lacunas não decifráveis em sua experiência profissional, como, por exemplo, até 2012 você atuava em uma área, de repente, seu próximo cargo foi em uma área completamente diferente. Você pode explicar isso em seu resumo. Não é preciso entrar em detalhes profundos para isso.

**Sua experiência profissional e formação acadêmica**

» Preencha esses campos informando em qual cargo atuou e pelo que era responsável. Associe a company page da empresa em questão, selecionando seu nome na lista, caso ela exista. Escreva no início uma linha explicando o que a empresa faz, pois nem todos a conhecem.

» Explicite nomes de cursos que tenha realizado e também o nome da instituição, além de temas de pesquisas realizadas no período.

**Suas competências profissionais**

» Cadastre suas competências para "calibrar" a plataforma sobre sua expertise; essas competências poderão ser endossadas por pessoas que o conhecem.

» Ter competências cadastradas de forma correta ajuda você a obter estatísticas mais reais sobre suas chances em relação a outros candidatos ao aplicar a uma vaga.

Além dos tópicos acima abordados, há diversas outras áreas a preencher. Esses são os campos mínimos. Dê também uma olhada nas configurações da plataforma, já que há diversas opções a escolher para tornar seu perfil cada vez melhor, afinal, a plataforma é bastante robusta.

A partir daí, é recomendável se manter ativo e acessar seu perfil com alguma frequência, seja para buscar vagas, conectar-se e interagir com pessoas ou mesmo criar conteúdo.

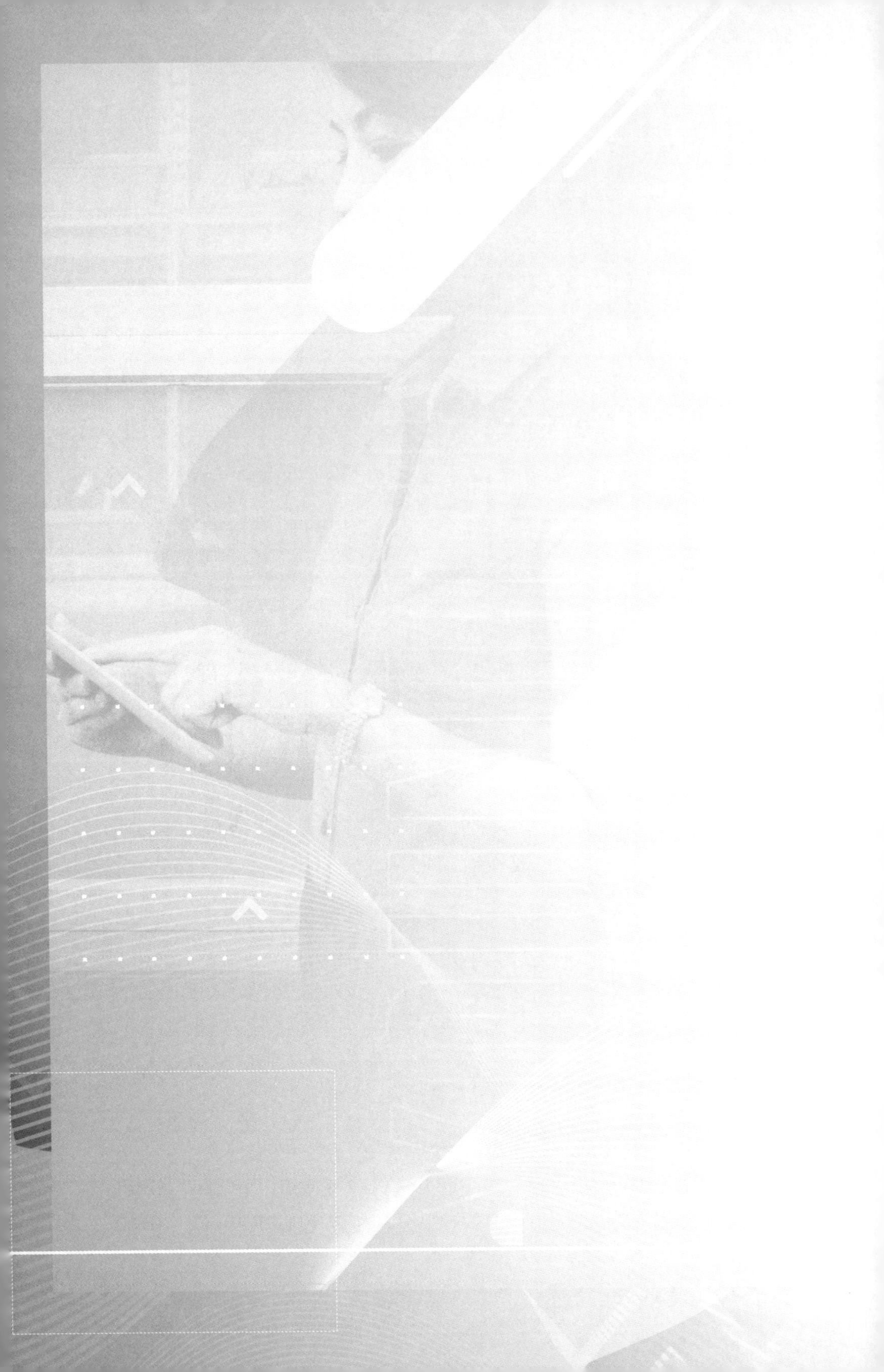

# CAPÍTULO 3
# TODO MUNDO PRECISA PRODUZIR CONTEÚDO NO LINKEDIN?

Antes de discutir se todo mundo deveria produzir conteúdo no LinkedIn, é relevante dizer que, apesar de não obrigado, toda pessoa hoje pode fazê-lo e não apenas no LinkedIn, mas em diversas outras mídias sociais digitais.

Como destaca Raul Santahelena no livro *Truthtelling* (2017), atualmente cada pessoa é uma empresa de mídia e pode fazer curadoria de conteúdo, produzindo, editando e distribuindo. Por vivermos em um mundo cada vez mais conectado e transparente, nada mais fica escondido, podendo, em poucos segundos, tornar-se público, o que desafia todos nós, já que fazemos parte de uma sociedade "glass boxes", sem nenhuma separação que possa esconder qualquer tipo de atitude, comportamento ou intimidade. Portanto, todos nós somos potenciais produtores e, junto com essa liberdade, vem também uma grande responsabilidade.

Voltando à discussão do capítulo, será que todo mundo precisa produzir conteúdo no LinkedIn? Tudo bem ser apenas um usuário quietinho que, no máximo, navega, lê ou até comenta algo aqui e ali? Posso usar meu perfil como um mero currículo?

Por mais que eu ensine pessoas sobre os caminhos para se criar bons conteúdos nessa rede e destaque como o LinkedIn pode ser positivo em suas carreiras, sempre direi que você é livre para fazer o que quiser. O LinkedIn é uma rede social e você pode usá-lo como preferir, claro, desde que respeite a política de uso da plataforma com as quais concordou ao se registrar. Convém também ser adequado ao contexto. A rede é uma extensão virtual de seu ambiente de trabalho e, dependendo do que você fizer, pode soar mal.

Você pode, sim, ter o perfil mais básico do mundo, quase não acessar a plataforma e permanecer completamente na sua durante meses se desejar, apenas acessando perfis e conteúdos de outras pessoas, mas, se optar por isso, não espere grandes resultados.

Redes sociais funcionam melhor quando há interação. É no compartilhamento, na colaboração, nas trocas que está a graça. Comentar, interagir, expressar suas próprias opiniões faz a roda girar. É também uma forma de retribuir e de aprender.

Quando um nome ou uma marca já são conhecidos, as pessoas em geral pesquisam diretamente por eles ou acessam seus canais diretos, por já saberem quais são, mas, se ainda não lhe conhecem, como digitarão seu nome específico para chegar até você? O conteúdo pode ser uma poderosa ponte entre palavras-chave e você. Conteúdo conecta pessoas.

Além disso, produzir conteúdo é também uma forma de aprender. William Glasser (1925-2013) foi um psiquiatra americano que desenvolveu uma teoria chamada de Pirâmide de Glasser, aplicada ao campo da educação. Segundo ele, há diferentes graus de aprendizagem, de acordo com a técnica utilizada. Assim, ele afirma que aprendemos melhor:

» 10% quando lemos;

» 20% quando ouvimos;

» 30% quando observamos;

» 50% quando vemos e ouvimos;

» 70% quando discutimos com outros;

» 80% quando fazemos;

» 95% quando ensinamos aos outros.

Ou seja, quando ensinamos, o que inclui compartilhar, explicar, resumir, estruturar, definir ou ilustrar algo para alguém, aprendemos 95% melhor.

Enquanto estudante de pós-graduação, descobri que aprendo muito mais em sala de aula quando, além de anotar o que é discutido, transformo o conteúdo em um artigo para compartilhar com mais pessoas. Ao fazer isso, eu acabo organizando o pensamento e o conhecimento. Costumo recomendar isso para quem ainda é estudante e está começando ou vai começar em breve a vida profissional.

Você pode ainda não ter um currículo repleto de qualificações e experiências, mas pode, sem problema algum, compartilhar com outras pessoas um pouco do que está estudando, criando, desde cedo, uma vitrine profissional na internet e uma percepção positiva, seja em seu LinkedIn, seja em outra plataforma na qual que decida fazer isso.

No LinkedIn você pode criar posts, artigos, publicar vídeos e compartilhar diversos tipos de conteúdos, que ficarão associados ao seu perfil e poderão ser lidos por outras pessoas, de acordo com as configurações de privacidade que tiver definido.

Você é livre para decidir se quer criar conteúdos assim em seu perfil, mas certamente eles ajudarão você a se conectar a mais pessoas e oportunidades, caso opte por isso, já que eles são uma forma de mostrar mais sobre você e suas ideias.

Entretanto, nem sempre as pessoas se sentem à vontade para fazê-lo, seja porque não sabem exatamente sobre o que escrever, medo de se expor ou de alguém da empresa em que trabalha não gostar, seja por diversos outros impeditivos. Uma rotina corrida e estressante nem sempre permite ter tempo, a insegurança de tentar algo novo, o medo do ridículo, a procrastinação, a busca pela perfeição e até mesmo o imediatismo.

Eu costumo recomendar que, se você está começando ou tem a intenção de produzir conteúdo, pode optar por ficar completamente dentro de sua zona de conforto, ou seja, falar sobre algo que o deixe à vontade, sem expor nada além do que gostaria. Isso pode ajudá-lo a sentir mais confiança e, aos poucos, deslanchar.

Tudo vai depender também de seu momento profissional. Às vezes há mais liberdade em escrever sobre o que você quiser, dependendo de seu cargo ou da empresa em que está. Depende também da segurança que sente ao sustentar opiniões publicamente, já que elas poderão ser divergentes do pensamento de outras pessoas e gerar comentários inesperados.

Como funcionário você também pode apostar na produção de conteúdo para ganhar destaque internamente na empresa, claro, sendo cuidadoso com algumas questões, dependendo da política do empregador no que diz respeito ao uso de mídias sociais e assuntos que podem ou não ser abordados, já que, de alguma forma, você é uma extensão da empresa.

Há diversos tipos de temas a tratar no dia a dia, desde conselhos a outros profissionais, histórias sobre sua carreira que possam contribuir com outras pessoas, projetos paralelos nos quais atua por opção, hobbies que o ajudam a se divertir ou o tornaram alguém melhor, dicas sobre livros que tenha lido, cursos e eventos que tenha lido ou participado, cujos ensinamentos e impressões podem ser úteis a outras pessoas, e até mesmo conteúdo técnico sobre a sua área, que pode ajudar a mostrar e reforçar o quanto você sabe a respeito daquele assunto.

Todos esses temas podem contribuir para ensinar outras pessoas, educar o mercado, atrair novos clientes, além de fortalecer sua imagem como profissional e expert daquela área. Além disso, podem ajudá-lo no dia a dia de negócios, já que você pode apostar na criação de conteúdos de apoio a serem enviados a quem tiver dúvidas. Dessa forma você não precisa repetir a mesma informação dezenas de vezes.

Portanto, nem todo mundo deve produzir conteúdo no LinkedIn, mas pode fazê-lo se quiser experimentar resultados diferentes e conectar-se a mais pessoas e oportunidades que virão por meio do conteúdo criado. Tudo vai depender de seu momento e de seus objetivos na rede, e também de seu perfil pessoal.

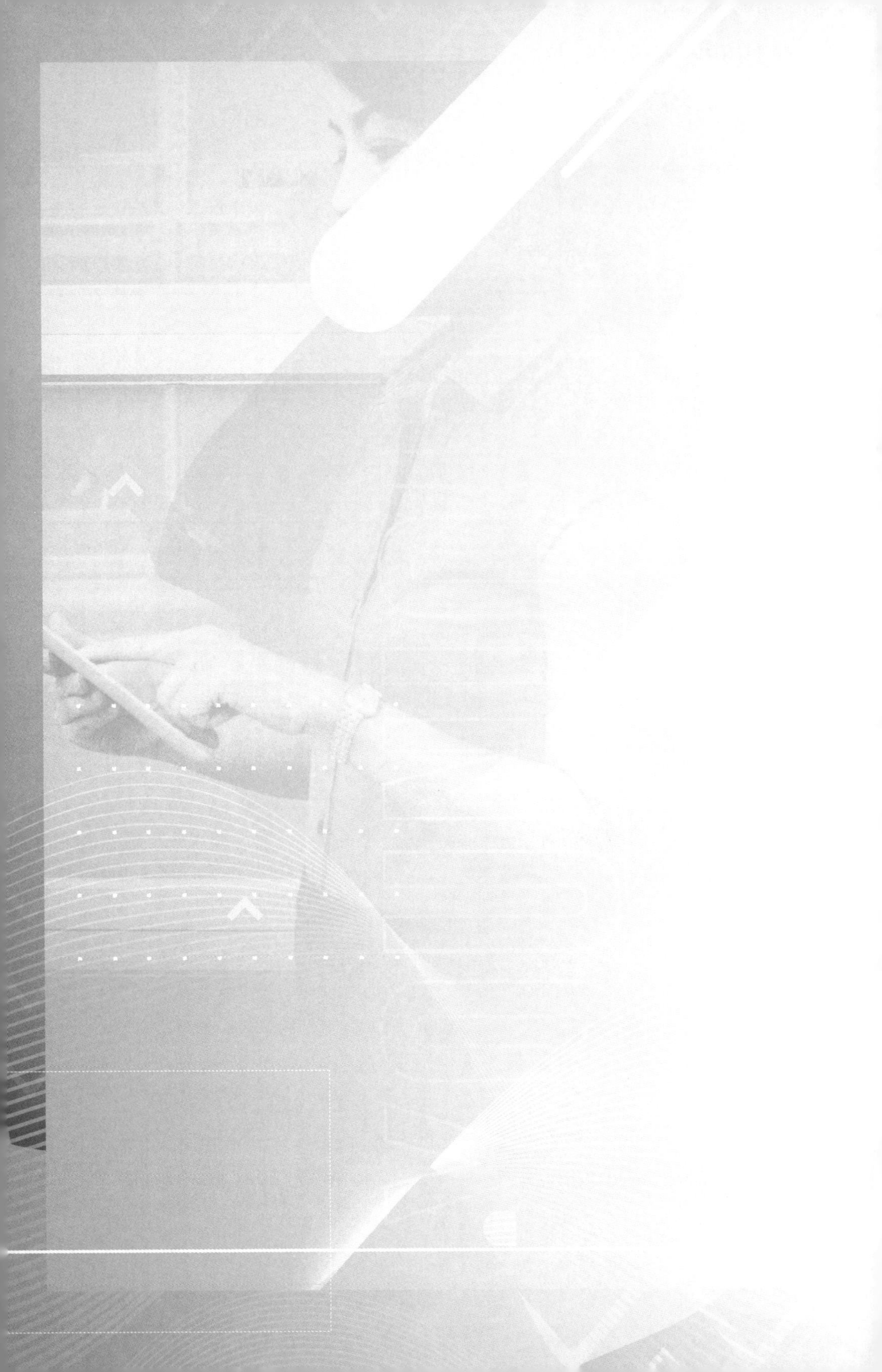

# CAPÍTULO 4
# ESPECIALISTAS, OS NOVOS INFLUENCIADORES NAS REDES SOCIAIS

Desde que o LinkedIn agregou diversas novas funcionalidades e deixou de ser uma plataforma focada exclusivamente em recrutamento e seleção de pessoal, novas possibilidades surgiram. Tornou-se possível criar conteúdo de formatos variados e, por conta disso, pudemos ter acesso a histórias e conselhos de diversos profissionais que antes estariam inacessíveis, inclusive escritos por grandes nomes do mercado, que encontraram na rede inspiração para compartilhar. Ao escrever sobre sua área e experiência, o especialista pode levar muita gente a se identificar com ele e a se engajar nas ideias e causas que leva adiante, passando a ser visto como um influenciador.

Ser considerado influente em uma mídia social vai muito além do número de seguidores que alguém possui ou de receber um reconhecimento ou um selo oficial da plataforma. É possível ser considerado um influenciador sem necessariamente atingir um grande número de pessoas, isso porque a influência pode ser segmentada por nichos também. É o público que escolhe quem seguir e costuma fazer isso quando se identifica com as ideias e a postura do proponente.

Para algumas pessoas, termos como "influenciador" ou "influência" são vistos como coisas negativas, porque geralmente em nosso dia a dia não gostamos de sentir que somos influenciados. Parece muito melhor sermos nós mesmos, entretanto, como Jonah Berger afirma em *O poder da influência, as forças invisíveis que moldam nosso comportamento*, publicado em 2017, "a influência social age quando compramos um produto, escolhemos nossos planos de saúde, realizamos exames na escola e decidimos a profissão a seguir". Isto é, praticamente o tempo todo somos influenciados por algo ou alguém. Jonah cita que 99% de todas as nossas decisões são afetadas pelos outros.

Alguns dados de mercado sugerem que os especialistas sejam os novos influenciadores. Uma pesquisa chamada Trust Barometer, publicada em 2018, revelou dados interessantes sobre a credibilidade dos líderes empresariais. Em termos globais, uma pessoa comum (60%) é uma fonte de informação sobre empresas tão confiável quanto um especialista técnico (60%) ou acadêmico (60%), e muito mais confiável do que um CEO (37%). No Brasil, a pessoa comum lidera o ranking de credibilidade (78%), seguida por especialistas técnicos (67%) e acadêmicos (65%). Os CEOs perderam 18 pontos, atingindo a marca dos 48%, praticamente empatados com funcionários (47%).

Hoje, mais do que se interessarem pelas marcas, as pessoas anseiam saber quem está por trás delas. Querem seguir esses nomes, saber o que pensam, o que fazem pelo mundo para torná-lo melhor. Desse modo, é interessante que profissionais sejam ativos em suas mídias sociais, visto que isso pode fortalecer a própria marca e também gerar negócios.

Por ser o LinkedIn uma rede social corporativa, nele os assuntos precisam ser mais direcionados ao mundo do trabalho e, nesse sentido, é preciso entender que existem profissionais de todos os segmentos e que eles todos podem estar na rede, de modo que todo assunto é interessante e passível de discussão e compartilhamento.

Entretanto, percebe-se que os assuntos relacionados a carreira e negócios acabam tendo um interesse maior por parte dos usuários. Ou seja, falar sobre carreira é quase certeza de sucesso (é claro que, para o conteúdo performar bem, vários fatores podem influenciar). Então, é possível associar assuntos, como, por exemplo, falar de sua área, que é marketing, mas associar o assunto ao tema carreira também.

Será que é possível tornar-se um influenciador no LinkedIn? Por mais estranha que possa parecer, minha resposta é sim. Eu acredito que todo profissional pode construir um perfil influenciador no LinkedIn a partir da criação de bons conteúdos, publicados continuamente. É claro que, além disso, há outros aspectos que podem interferir de forma negativa ou positiva, como a forma de falar, os assuntos que aborda, o jeito de escrever e o carisma.

Para tudo isso funcionar é essencial ser autêntico, porque as pessoas percebem quando alguém não tem muito o que dizer, quando "força" situações ou faz de tudo para parecer alguém que na verdade não é. Por trás das telas é possível aparentar ser o que você quiser, mas, ao vivo, isso se sustenta? Abraham Lincoln tem uma frase nesse sentido: "você consegue enganar todo mundo por um tempo ou algumas pessoas o tempo todo, mas jamais conseguirá enganar todo mundo o tempo todo".

É preciso evitar o atalho do sensacionalismo, que pode, sim, levar a um perfil repleto de seguidores, mas que na prática pode ser um grande vazio ou uma ação que não contribui de forma positiva para a imagem daquele profissional.

**Empresas e a influência de seus colaboradores**

As empresas vivem hoje o desafio de serem vistas em meio a tanta concorrência e conteúdo. Já não basta mais produzir, é preciso criar O MELHOR conteúdo para seu público. Para isso é preciso se permitir o novo. Cada funcionário tem sua própria rede de seguidores e conexões, e o conteúdo que ele publica pode engajar 10 vezes mais que o conteúdo que ele compartilha de uma marca em sua timeline. Isso acontece porque existe o fator humano em jogo. É possível ver quem está por trás daquele conteúdo em vez de ler algo impessoal assinado por uma marca, que tantas vezes acaba criando mais do mesmo ou um conteúdo muito engessado.

A partir dessa percepção se fortalece o employer branding e, mais especificamente, o employee advocacy, uma série de ações e estratégias que podem amplificar a voz da organização por meio da colaboração dos funcionários. Muita gente pode até se perguntar se isso é efetivo e praticável, afinal, rede social é do funcionário e a empresa não pode obrigá-lo a nada nesse sentido. Porém, é possível incentivar, motivar e dar ferramentas para que essas pessoas sejam mais ativas e ajudem a compartilhar o que a empresa anda fazendo, muitas vezes com suas próprias palavras.

Trata-se de uma relação de ganha-ganha: o funcionário ajuda a empresa compartilhando ou criando e amplificando sua voz, ajudando a obter mais engajamento, e a empresa pode, como contrapartida, fortalecer a credibilidade desse funcionário, levando para seus canais oficiais o que ele escreveu e compartilhando algo como "veja o que nosso especialista em marketing escreveu sobre tal assunto". No final do dia, os dois ganham.

Nessa abordagem, as empresas entendem que têm dentro de casa influenciadores. Influenciadores internos. Eles, como profundos entendedores do dia a dia da empresa, cada um em sua área de atuação, têm muito conhecimento e histórias para contar. E o público quer o que? Histórias! Elas engajam como nunca.

Por isso é tão interessante apostar nesses perfis. Ao adotar uma estratégia assim na companhia, existem caminhos

## CAPÍTULO 4

a escolher. Algumas apostam em plataformas com foco em uso interno, como o Facebook Workplace, pelo qual criam uma rede ou mesmo grupos de todos os funcionários e geram conteúdo para garantir maior alinhamento entre todos. Outras preferem uma influência externa, incentivando que esse conteúdo seja produzido em redes sociais de forma livre. É claro que é sempre válido alinhar expectativas, boas práticas e deixar claro o que é confidencial e não deve ser exposto.

O trabalho envolvendo employer branding pode ser restrito a um grupo de pessoas na empresa, como a alta liderança, por exemplo, ou ainda focar também na força de vendas, afinal, na era das vendas sociais, não basta usar plataformas para encontrar os melhores leads, mas garantir que o conteúdo também esteja presente nesses perfis, ajudando a educar o mercado e a transmitir credibilidade.

A estratégia pode ainda ser compartilhada com toda a empresa e o dia a dia será decidido no negócio. Em alguns deles todos são livres sobre o que compartilhar, enquanto em outros pode existir destaque a um assunto específico e até mesmo textos de apoio nos quais o time pode se basear para compartilhar e levar adiante.

# CAPÍTULO 5
# DEIXANDO CLARO QUEM VOCÊ É E SEUS OBJETIVOS PROFISSIONAIS

Antes de atualizar seu perfil no LinkedIn, aplicar a vagas ou mesmo criar conteúdo, é recomendável refletir, para entender, definir e tornar claro qual é seu objetivo profissional no momento, para si mesmo e para os outros.

Para isso, precisamos considerar que há diversos perfis de usuários:

» Quem esteja empregado e satisfeito com o que faz agora.

» Quem está empregado e satisfeito, mas com anseio de ser promovido internamente em algum momento.

» Quem tenha um emprego e goste dele, não queira deixá-lo, mas paralelamente faz outras coisas, tem outro negócio ou empreende (ou deseja empreender).

» O profissional que está desempregado e gostaria de encontrar novas oportunidades pela rede.

» Profissionais experientes que vão se aposentar ou que estejam aposentados, mas que ainda querem seguir atuando de alguma forma.

» Recém-formados, estudantes ou estagiários, que de repente têm uma bagagem profissional pequena, mas que igualmente têm voz e coisas interessantes a contar, e que podem estar em busca de novas oportunidades.

» Empreendedores e empresas que podem se beneficiar encontrando novos clientes na rede.

Ou seja, os perfis são variados e cada um deles acaba usando o LinkedIn tendo como base seu momento e objetivo profissional, considerando que estar na plataforma não se resume à busca por emprego.

A forma como você deverá escrever seu resumo, as funcionalidades que vai mais usar e até mesmo os conteúdos que virá a produzir passam por essa definição de objetivo.

## Deixando claro quem você é e seus objetivos profissionais

Por que você está na rede? Para onde deseja ir? Tudo isso tem a ver também com gestão de carreira, com planejar seus próximos passos. É aquela máxima em ação: "para quem não sabe o que quer, qualquer caminho serve".

O ideal seria ter em mente, e até no papel, um planejamento sobre sua carreira, uma visão sobre o que gostaria de estar fazendo daqui um, três ou cinco anos, por exemplo.

Além da definição de um objetivo profissional, é importante refletir sobre quem você é profissionalmente, qual sua especialidade independentemente do cargo ou do momento que vive agora e como quer ser visto pelas pessoas ao seu redor. Se tirassem o nome de seu cargo, como você se definiria em relação ao assunto que domina? Há muita gente que, por não ter clareza disso, acaba confundindo outras pessoas sobre o que faz, não consegue explicar em poucas palavras, e, dessa forma, não consegue se conectar adequadamente a oportunidades e parcerias, pois não deixa claro quem são ou não sabe para aonde querem ir.

Portanto, convém refletir sobre isso antes de avançar na produção de conteúdo em seu perfil. Primeiro garanta que você se conhece, que tem claro seu momento profissional atual e como gostaria que as pessoas lembrassem de você ao final do dia.

Por exemplo, apesar de atualmente eu fazer várias coisas, já que dou aulas, consultorias, palestras e escrevo livros, fico bastante satisfeita quando as pessoas se lembram de mim como alguém associada aos temas "conteúdo", "LinkedIn" e "carreira". Isso significa que, existindo oportunidades, essas pessoas poderão me indicar tendo a certeza de qual é meu foco e especialidade. Como no dia a dia eu deixo claro por meio dos posts que faço, elas também acabam lembrando que eu trabalho ministrando aulas, consultorias e palestras, ou seja, elas sabem o que eu ofereço ao mercado. Nem sempre elas serão clientes. Às vezes até me contratarão em um momento posterior ou mesmo me indicarão para outras pessoas, quando demandas surgirem.

Além de ter claro para si mesmo quem você é e quais são seus objetivos profissionais, é importante ter um resumo bem escrito em seu perfil. Nesse espaço você tem a oportunidade de contextualizar sua trajetória profissional. Ou seja, há campos específicos em seu perfil para mencionar sua experiência profissional e formação acadêmica, nos quais você pode adicionar o nome da instituição, do curso ou cargo, descrever a atividade e até associar uma company page daquele local. Entretanto, essas informações são muito "secas" e podem ficar avulsas. Explicar em seu perfil como elas aconteceram ao longo de sua vida profissional dará sentido à sua história. É o espaço ideal para também falar de sua *unique story*.

Em meu resumo profissional optei por contar um pouco sobre minha experiência, revelando o que estudei e em que áreas atuei. Logo depois, expliquei como descobri o quanto produzir conteúdo em meu perfil era algo poderoso e como isso mudou minha carreira, e que, por conta disso, sou muito apaixonada pelo assunto e hoje meu trabalho é ajudar outras pessoas a fazerem o mesmo.

Você é livre para fazer seu resumo profissional como preferir, mas deixo uma dica de como estruturar esse texto, se precisar:

» Você pode contar sua história em ordem cronológica ou ao contrário. Por exemplo, pode deixar claro o que faz hoje e dizer, logo em seguida, o que fazia antes. Ou pode contar como começou e como chegou a fazer o que faz hoje.

» Você pode incluir alguns dados importantes, caso tenha e seja oportuno. Por exemplo, número de clientes atendidos ou quanto ajudou negócios em suas áreas e o tipo de resultado que eles obtiveram. Apenas fique atento e seja cuidadoso para não expor dados sigilosos ou nome de pessoas.

» Nesse espaço você pode inclusive abordar mudanças de percurso, dizer, por exemplo, que havia planejado atuar em tal área, mas que, por uma mudança de percurso, acabou trabalhando com algo diferente. Isso é bacana de se fazer, principalmente quando você teve uma mudança drástica de área. Assim, as informações presentes em sua experiência profissional farão mais sentido, por estarem contextualizadas em seu resumo.

» Lembre-se de incluir sua *unique story* se possível; é o espaço ideal para isso.

» Não se esqueça de distribuir ao longo do texto, de forma natural, palavras-chave relacionadas ao seu foco profissional; isso ajudará mais pessoas a encontrarem seu perfil. No meu, por exemplo, distribuí palavras como "conteúdo", "produção de conteúdo", "marketing de conteúdo" e "LinkedIn", já que atuo ministrando aulas, palestras e consultorias sobre esses temas.

» É legal pensar que seu resumo gera vontade de entrar em contato com você, por isso, fuja dos textos secos e diretos, e use o espaço ao máximo. Você tem muitos caracteres para falar sobre você, aproveite!

» Mantenha seu resumo (e o perfil todo) sempre atualizado. Periodicamente modifique-o, se possível. Inclua novas informações, remova o que for desnecessário.

» Seja cuidadoso com o tipo de informação que divulga. Algumas delas podem ser sigilosas e a empresa em que você trabalha pode não tê-lo autorizado a fazer isso.

» Após escrever seu resumo, releia-o em voz alta. Veja se há trechos que podem ser reescritos, se há muitas palavras repetidas que poderiam ser trocadas por sinônimos. Remova o que não estiver acrescentando, de fato, uma informação útil. Isso vai ajudar a aumentar a densidade do seu texto, ou seja, torná-lo mais forte, relevante e memorável.

» Lembre-se: seu perfil é sua "casa", o local em que as pessoas esperam encontrar informações completas e atualizadas sobre você.

# CAPÍTULO 6
# FORMATOS DE CONTEÚDO NO LINKEDIN

No LinkedIn é possível publicar vários tipos de conteúdo: posts no *feed*, que podem ter imagens, vídeos nativos ou do YouTube, arquivos e links, e também artigos. Posts de *feed* possuem uma limitação de tamanho, por isso são recomendados para conteúdos do dia a dia, que possam ser abordados em poucas palavras, como dicas, conselhos, perguntas e pequenas histórias. Você pode adicionar hashtags para ajudar outras pessoas a encontrarem seu post e também marcar pessoas específicas.

Já a plataforma de publicação de artigos permite escrever sem limite de caracteres e ainda utilizar outros recursos de formatação do conteúdo, como itálico, negrito, texto em destaque, inclusão de vídeos, links ou arquivos, entre outros. Seus artigos podem ser indexados pelo Google e ajudar mais pessoas a chegarem até você através das palavras-chave que elas pesquisarem. Seu artigo precisa obrigatoriamente ter um título e é altamente recomendável que tenha uma imagem de capa. Antes de publicá-lo você verá um campo para escrever um resumo sobre ele e incluir palavras-chaves. Essas informações serão publicadas em seu *feed*, para que sua rede veja que há um artigo novo disponível.

Tanto posts de *feed* quanto artigos podem receber comentários, curtidas e serem compartilhados. Clicando nas estatísticas você pode ver quantas visualizações recebeu e até mesmo quem o recompartilhou e o que disse ao fazer isso.

**Boas práticas com imagens em artigos ou posts de feed**

Você pode usar em seus posts e artigos diversos tipos de imagens. Elas podem ter sido tiradas por você mesmo, por um fotógrafo ou mesmo serem de bancos de imagens disponíveis na internet. Vale sempre ser cuidadoso e buscar usar suas próprias fontes ou verificar se a imagem pretendida pode ser utilizada sem problemas, já que ela pode ter direito autoral e restrições de uso. Não é porque uma imagem foi encontrada no Google que você pode usá-la sem problemas. Dar os créditos da imagem na legenda dela não o livra de problemas com direito autoral.

Existem diversos bancos de imagens, pagos ou gratuitos. Eu gosto de recomendar o Pixabay.com, que costuma ter imagens bem interessantes; não requerem atribuição de fonte e podem ser usadas para fins comerciais. Porém, existem vários outros na internet.

Fotos costumam performar melhor do que ilustrações. Fotos contendo rostos humanos funcionam ainda melhor. De acordo com o LinkedIn, 70% das pessoas clicam mais em fotos desse tipo. A verdade é que, quanto mais reais e menos "perfeitas", melhor.

Lembre-se de que a imagem do seu artigo deve estar relacionada ao tema para que seu conteúdo transmita de forma assertiva o que será abordado. A imagem pode, inclusive, complementar o título, fazer com que ele tenha ainda mais sentido. Em alguns casos você nem precisará dizer tanto no título se a imagem contribuir para reforçá-lo.

Veja alguns exemplos sobre como a escolha da imagem complementou o título ou mesmo o tema abordado no artigo.

Ao falar sobre recolocação profissional optei por essa imagem que remete ao equilíbrio:

Recolocar-se: sobre colocar-se nos eixos antes de voltar a trabalhar

Flavia Gamonar no LinkedIn
29 de dezembro de 2018

Nesse outro, como falo sobre o conceito de *truthtelling*, que está relacionado à transparência e autenticidade de conteúdos, optei por uma imagem repleta de bonecos Pinóquio. Ou seja, algo contraditório ao que abordo. Isso também pode funcionar bem.

Truthtelling: porque não há como se esconder em um mundo transparente
Flavia Gamonar no LinkedIn
16 de dezembro de 2018

Ao escolher uma imagem, lembre-se de que podem existir situações em que nem todos os leitores identificarão o que você quis dizer. Tudo depende da "intertextualidade". Ou seja, se uma pessoa nunca ouviu falar em Pinóquio, por exemplo, poderá não associar que a imagem contendo bonecos com nariz grande está relacionado ao conceito de mentira.

**Quando escrever posts de feed ou artigos**

Eu costumo dizer que o ideal é dar ao seu conteúdo o tamanho que ele merece. Ou seja, se você consegue falar sobre um assunto em poucas linhas, um post menor no próprio *feed* funciona bem. Já quando é preciso aprofundar um assunto o ideal é escrever um artigo. Já um vídeo pode ser interessante para associar também sua imagem e para tratar de assuntos que ficariam melhor colocados se abordados verbalmente.

Também é importante pensar sobre as características e a dinâmica de cada formato. Posts no *feed* parecem engajar mais atualmente, já que eles são exibidos na timeline e facilmente podem receber comentários, sem a necessidade de mais um clique para abri-lo, como acontece com artigos.

Entretanto, é interessante considerar que os resultados em relação a visualizações e interações vão depender de diversos fatores: o tema abordado, o jeito que foi escrito, tipo de imagem associada, se existem ou não links, quantidade de pessoas conectadas que seguem seu perfil (aproveito para definir que uma conexão se trata de pessoas que mutuamente se aceitaram; elas se tornam "de primeiro grau", enquanto o seguidor é alguém que optou por seguir seu perfil para ter mais chance de ver em seu *feed* os conteúdos que você publicar), entre outros.

Quando é necessário aprofundar mais sobre um tema, escrever um artigo pode ser melhor do que publicar diretamente no *feed*.

Reservar um tempo para responder a quem deixou um comentário é algo bacana e inclusive pode ajudar a aumentar o alcance de sua publicação. Esses conteúdos podem ser editados ou apagados a qualquer momento e possuem link próprio, caso deseje enviá-lo a alguém em específico.

Pensando nos formatos posts de *feed* e artigo, e considerando que o *feed* é dinâmico, entende-se que, no dia a dia, conforme você publica outras coisas, seus posts de *feed* podem "ir descendo" até chegarem a um ponto em que as interações podem cessar por ele não ser mais uma novidade. Isso pode mudar a qualquer momento, bastando que alguém o localize e interaja com ele; assim ele irá novamente ao topo do *feed*. Já o artigo ficará permanentemente em seu perfil e você poderá visualizar todos os que publicou, enquanto os posts de *feed* podem se tornar inacessíveis após um determinado período de sua publicação.

Tanto o post de *feed* quanto o artigo publicado por você podem ser vistos por quem acessar seu perfil, lembrando mais uma vez que essa pessoa que não é sua conexão só não verá um post de *feed* caso você tenha definido a configuração dele para "somente conexões". Ou seja, eles ficam vinculados ao seu perfil, de modo que alguém que o esteja acessando para ver sua experiência profissional também poderá ver o que você tem escrito.

No dia a dia, busque mesclar sua produção, apostando em diferentes formatos, de acordo com o que você tem a compartilhar. Todos eles ajudarão a trazer movimento para seu perfil e, se bem utilizados, podem ser positivos para sua imagem profissional.

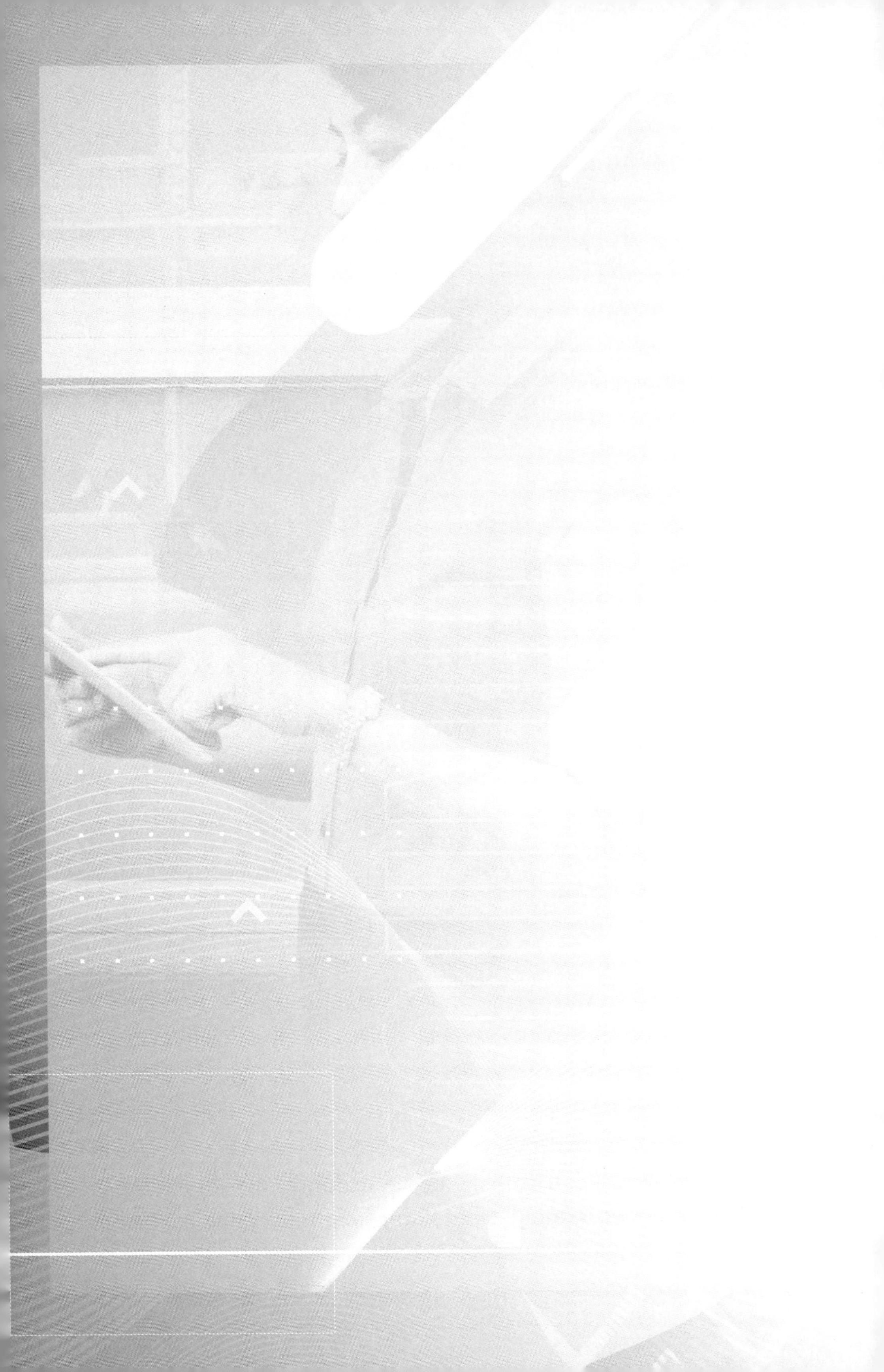

# CAPÍTULO 7
# ENTENDENDO QUEM É SEU PÚBLICO-ALVO

Depois de entender quem é você, é preciso definir seu público-alvo. Para isso, vamos trabalhar com um personagem fictício, cujo nome será Carlos, um especialista em *blockchain* (um tipo de tecnologia que promete revolucionar diversas áreas) e que atua como consultor, podendo ser contratado por empresas, por exemplo.

Além de ser especialista nesse assunto, ele também é professor e atua ministrando aulas em universidades. Por

## CAPÍTULO 7

conta dessas duas funções, como o assunto está em alta, ele também tem sido bastante chamado para dar palestras. Pronto, temos três focos aqui, basicamente.

Como especialista em *blockchain*, seria bem interessante que o perfil dele no LinkedIn ajudasse a deixar isso ainda mais claro, para fortalecer sua imagem nesse assunto. Isso o ajudaria a ser contratado como consultor por mais empresas. Produzir conteúdo sobre o tema ajudaria também a aumentar a confiança e a credibilidade em seu nome.

Podemos dizer então que um dos públicos que o Carlos gostaria de alcançar seriam empresas. Entretanto, quem o contrata não é a empresa como um todo, mas alguém que trabalha nela. Qual costuma ser o perfil de alguém que contrata um consultor em algum assunto relacionado à tecnologia? Geralmente, também se trata de um departamento ou um profissional de tecnologia. Ou, ainda, uma startup que esteja considerando trabalhar com o assunto e precise do amparo de um especialista.

A partir dessa informação, fica mais fácil entender os tipos de assuntos que ele pode abordar ao produzir conteúdo, pois terá uma noção mais clara se eles são interessantes para o público que quer impactar.

Obviamente, tratando-se de conteúdo orgânico (sem investir em publicidade paga), ele não terá como "escolher" quem vai ler seus conteúdos no LinkedIn, mas deseja que eles cheguem até as pessoas certas, já que ele gostaria de obter mais trabalho como consultor, correto? Com esse foco em mente, ao produzir conteúdo sobre o assunto que domina, ele poderá ajustar também a forma como fala sobre o tema, de um jeito mais técnico ou mais didático. Poderá considerar ainda incluir, no final do conteúdo, uma frase ou chamada incentivando que o contatem como consultor, por meio de um telefone ou página, por exemplo.

Além de consultor, falamos que ele também é professor universitário. Ministra disciplinas ligadas à tecnologia e, como atua em cursos de pós-graduação, não tem um vínculo fixo com nenhuma universidade, podendo atuar esporadicamente em várias, conforme a demanda de disciplinas e de sua disponibilidade. Para o Carlos seria interessante que seu perfil e os conteúdos produzidos também o ajudassem a conseguir mais aulas em universidades. Nesse caso, o público que ele deseja impactar são coordenadores de universidades. São esses perfis que geralmente contratam professores. O fato de ele já ter incluído em seu perfil vivências como essas, será ainda melhor para tornar clara a sua experiência.

Como o Carlos também tem sido chamado para dar palestras, outro público interessante para ele são as pessoas que promovem eventos ou fazem curadoria para eventos.

Ao fazermos essa análise, entendemos melhor quem são os públicos estratégicos que podem gerar oportunidades profissionais para o Carlos. Ele tem claro para si mesmo que deseja continuar atuando como consultor, professor e palestrante, mas isso não impede que empresas e recrutadores o abordem para verificar se ele tem interesse em atuar como funcionário, aceitando uma vaga de emprego.

Há uma área no LinkedIn em que você pode definir qual seu objetivo na rede, exibindo uma mensagem para possíveis recrutadores que chegarem ao seu perfil de maneira "interna", ou seja, não fica visível para quem acessa

## CAPÍTULO 7

normalmente seu perfil. Basta ir ao seu perfil, escolher a opção "Interesses de carreira" e preencher as informações solicitadas. Essa opção também é útil para sinalizar sua disponibilidade sem alardes, para os casos em que você está empregado, mas gostaria de aparecer nos resultados de buscas de recrutadores. Essa área pode ser acessada por meio desse painel cinza em seu perfil, conforme a imagem a seguir:

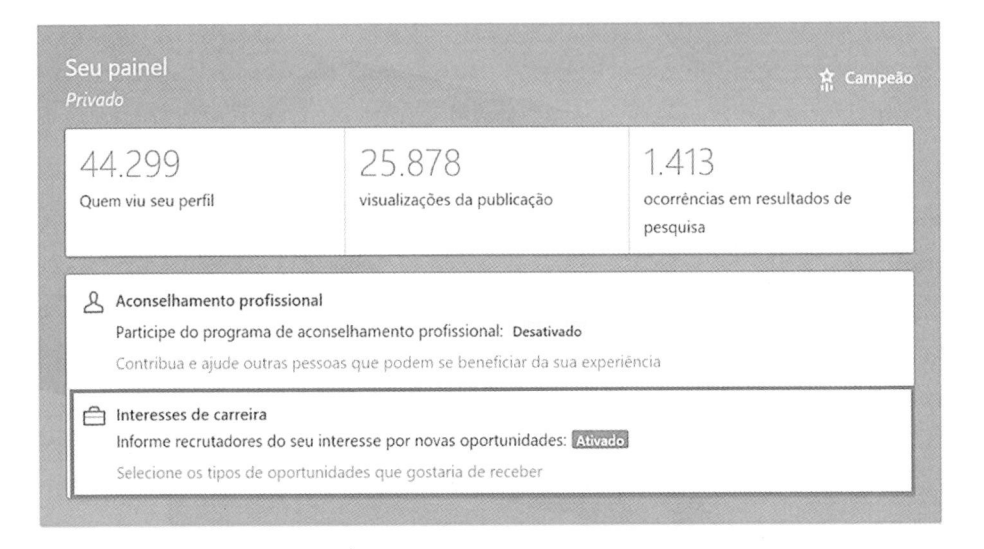

**Seu painel**
*Privado*  ☆ Campeão

| 44.299 | 25.878 | 1.413 |
|---|---|---|
| Quem viu seu perfil | visualizações da publicação | ocorrências em resultados de pesquisa |

👤 Aconselhamento profissional
Participe do programa de aconselhamento profissional: Desativado
Contribua e ajude outras pessoas que podem se beneficiar da sua experiência

🗂 Interesses de carreira
Informe recrutadores do seu interesse por novas oportunidades: **Ativado**
Selecione os tipos de oportunidades que gostaria de receber

Carlos também pode ser acompanhado por pessoas que não são seu público-alvo estratégico, ou seja, que não vão contratá-lo para nada, mas que gostam do assunto com o qual ele trabalha e por isso leem seus conteúdos. Pode acontecer ainda que nesse momento uma pessoa que o acompanhe e que não faça parte de seu público-alvo estratégico venha a contratá-lo futuramente ou até indicá-lo como uma referência em sua área.

Alunos do Carlos ou pessoas que assistiram a palestras dele também podem desejar acompanhá-lo. Ou seja, as pessoas que acompanham seu perfil podem ser muito diversas. Nem todas gerarão oportunidades profissionais para ele, mas todas elas são importantes para ajudar a tornar seu trabalho mais conhecido, já que podem interagir comentando, compartilhando, aprendendo e indicando seu nome para oportunidades que nem imagina.

Em marketing de conteúdo construímos o que chamamos de personas, arquétipos (modelos) do público-alvo ideal. Nesse processo costumamos dar um nome fictício a ela e traçar seu perfil. Desse modo conseguimos imaginar conteúdos que façam mais sentido para esse perfil, desde a escolha do tema, título e a forma de escrevê-lo.

Podem existir várias personas, com necessidades diferentes, às quais ofereceremos nosso melhor produto segundo sua demanda. Quando falamos sobre produzir conteúdo para ajudar a impulsionar sua carreira, o caminho é parecido e o que vamos ofertar tem a ver com o objetivo profissional atual. Se Carlos fosse um funcionário que tivesse optado por trabalhar em empresas sempre, não como um empreendedor, ele poderia abordar assuntos diferentes, tendo como objetivo reforçar sua expertise na área ou até mesmo causar uma boa impressão internamente, por estar escrevendo sobre assuntos que ajudam a educar o mercado e até mesmo gerar novos clientes para a empresa, sem desejar atrair demandas como consultor empreendedor, por exemplo.

O importante aqui é ter claro que o conteúdo que você produzir em seu LinkedIn será livre e qualquer pessoa poderá acessá-lo, chegando por diferentes caminhos: via buscador porque digitou uma palavra-chave, sem querer porque estava navegando por perfis e chegou ao seu, por

CAPÍTULO 7

uma busca específica na plataforma ou por indicação de alguém. Muitos inclusive não vão se interessar pelos temas que ele abordar e isso é normal.

Se o Carlos quiser expandir o alcance de seus conteúdos e, consequentemente, de seu perfil, poderá ir além dos temas muito técnicos. Esse tipo de assunto ajuda a fortalecer sua imagem de profissional especialista na área, mas pode acabar ficando muito restrito a um determinado grupo. Fazendo alguns ajustes no modo como ele define os temas ou conectando o tema técnico a outros mais abrangentes, como carreira, por exemplo, ele conseguiria atingir mais pessoas.

Quer um exemplo? Ele poderia fazer um artigo abordando como está o mercado de tecnologia para quem trabalha com *blockchain* e citar alguns estudos e tendências. Ou, ainda, ele poderia criar um conteúdo mais pessoal sobre como ele chegou ao que faz hoje e o que aprendeu no caminho. Desse tipo de conteúdo pessoas que nem são da área dele também poderiam tirar grandes lições.

Ou seja, você pode abordar diversos tipos de temas. Tudo depende do seu momento profissional e objetivo, de como quer ser visto e do que deseja atrair. Aqui é importante ter em mente que, quanto mais rico e relevante for o conteúdo, melhor. É preciso doar informações importantes, querer genuinamente contribuir, afinal, apenas fazer conteúdo de autopromoção ou com ofertas explícitas, como "me contrate, eu sou o bonzão", não vão ajudá-lo muito.

Quando incentivo pessoas a compartilharem sem medo, muitas delas têm receio de que, ao fazerem isso, possam atrapalhar possíveis oportunidades. Entretanto, o marketing de conteúdo acredita justamente no contrário. Conforme doamos, somos úteis e nos mostramos conhecedores de um assunto, atraímos muito mais atenção e aumentamos as possibilidades de oportunidades profissionais, pois nos tornamos mais confiáveis. Não tenha medo de compartilhar; o perfil certo de cliente vai contratá-lo mesmo que você produza muito conteúdo gratuito em sua rede.

No meu caso, que atuo ministrando cursos, palestras e consultorias, busco produzir conteúdo que reforce os temas que eu abordo, fortalecendo minha imagem de profissional na área. Muitas pessoas que leem o que escrevo podem se interessar pelo tema de meus cursos, mas não se tornarem alunos agora e, sim, em outro momento. Eu posso inclusive mesclar conteúdos técnicos e aprofundados que não têm o objetivo de vender nada com posts diretos, informando quando será a próxima turma, por exemplo. Quem já acompanha meu trabalho e confia no que eu falo pode decidir se tornar aluno após uma série de leituras por meio de um post direto cujo objetivo é vender. Mas foram os posts anteriores que ajudaram a trabalhar objeções e aumentar a confiança, e por isso ela decidiu se inscrever em um curso meu, pago.

Quanto mais amplo for seu trabalho, mais assuntos se encaixarão em seu dia a dia. Sempre que produzir conteúdo muito técnico, poderá impactar menos pessoas, já que o assunto é mais específico. Nesse caso, vale a pena considerar a qualidade do seu leitor em relação ao seu objetivo profissional, não a quantidade. Em vendas tratamos isso como "lead qualificado". Ou seja, ainda que você alcance menos pessoas, se estiver conseguindo que seu conteúdo chegue até os perfis certos, estará de bom tamanho.

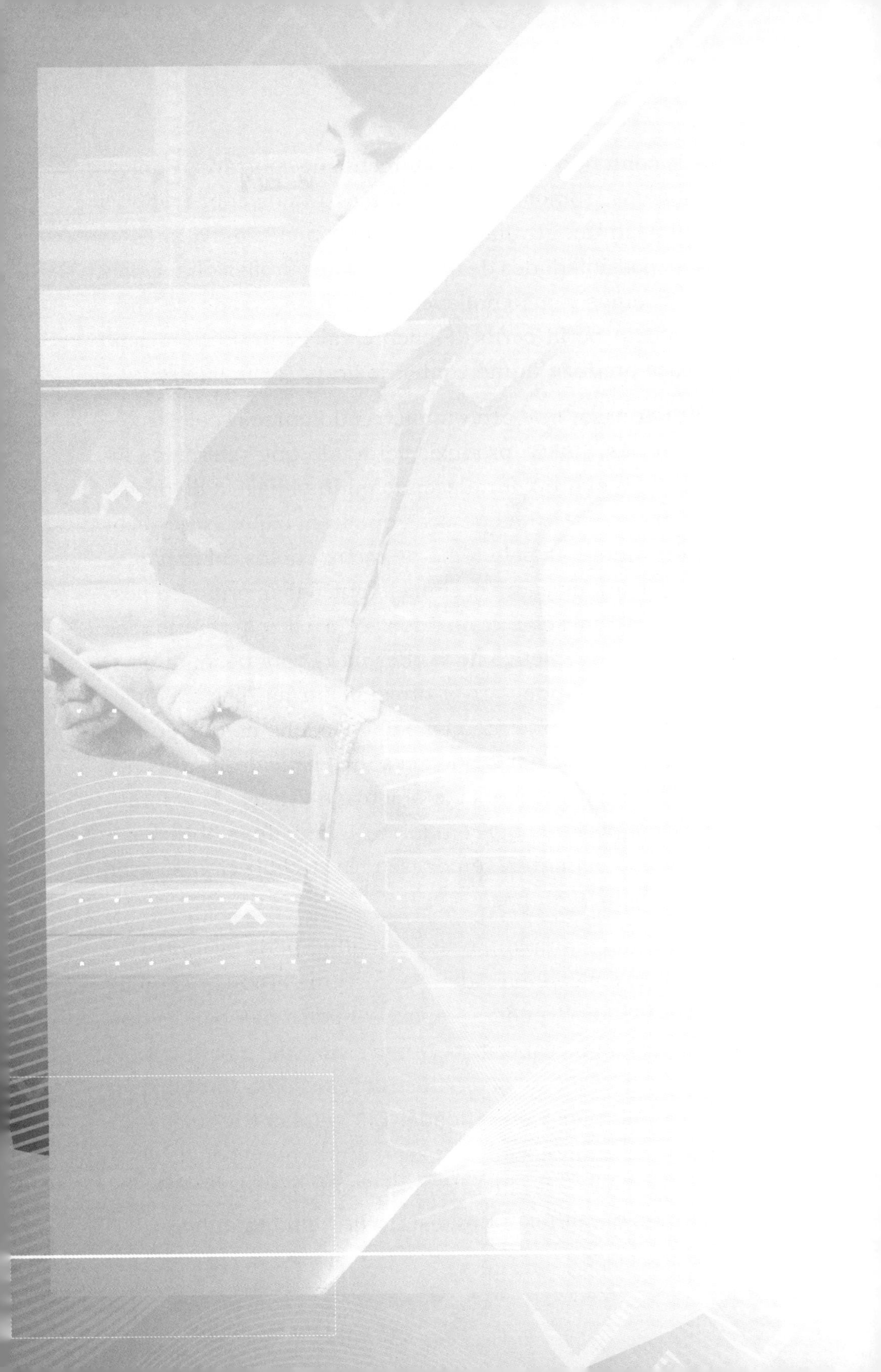

# CAPÍTULO 8
# SOBRE O QUE FALAR?

Após ter clareza sobre quem você é e quem é seu público-alvo, chegou a hora de definir sobre quais assuntos seria interessante abordar em sua produção de conteúdo. Eu gosto de dizer que quase tudo pode virar tema para um bom conteúdo; tudo depende da forma como você contextualiza. Querer abordar várias ideias e objetivos ao mesmo tempo não é legal, confunde seu leitor, que termina de ler

## CAPÍTULO 8

pensando algo como "falou, falou... afinal, o que ele queria dizer mesmo?".

Chris Anderson explica em Ted Talks que, ao escolher um assunto, vale refletir se é apaixonado por ele, se provoca curiosidade, se faz diferença para as pessoas, se as informações são novas ou já conhecidas; se consegue explicá-lo bem com seu conhecimento e de acordo com o formato que escolheu, se o conhece suficientemente para fazer valer a pena para o leitor e se tem a credibilidade necessária para falar sobre aquilo. Um exercício legal é tentar resumir em quinze palavras o que você pretende dizer. Essas quinze fariam alguém se interessar?

Para o autor, a definição de uma linha mestra pode ajudar a trazer clareza para sua ideia ao planejar o conteúdo de uma palestra. Podemos perfeitamente fazer um paralelo com a produção de conteúdo escrito. Ele destaca que é preciso pensar o que você gostaria de inserir na mente de quem está lendo. O que levarão para suas vidas? Uma linha mestra não pode ser previsível ou banal, como "a importância do trabalho duro" ou "os quatro projetos principais a que estou me dedicando". Ele lista algumas linhas mestras de conferências TED bem-sucedidas. Perceba como incorporam algo inesperado:

» Ter mais opções nos deixa menos felizes.

» Devemos valorizar a vulnerabilidade, e não fugir dela.

» O potencial da educação se transforma quando nos concentramos na extraordinária (e hilariante) criatividade infantil.

» Você pode simular a linguagem corporal até ela se tornar verdadeira.

» Uma história do universo em dezoito minutos mostra um caminho do caos à ordem.

» Bandeiras horríveis de cidades podem revelar segredos de design surpreendente.

» Quase morri num trekking no polo sul e isso mudou minha noção de propósito.

» Vamos fazer uma revolução silenciosa: um mundo redesenhado para os introvertidos.

» A combinação de três tecnologias simples cria um sexto sentido assombroso,

» Vídeos online podem humanizar a sala de aula e revolucionar a educação.

Na produção de conteúdo escrito (em artigos, por exemplo), podemos falar também em pauta. Construir boas pautas pode inclusive ajudá-lo a entender qual tamanho seu conteúdo precisará ter. Ao fazer uma pesquisa prévia sobre um determinado termo, com a intenção de averiguar o que foi dito sobre ele, já se consegue obter uma noção de quanto precisará escrever sobre o assunto. Quanto mais complexo o assunto, mais palavras serão exigidas para explicá-lo. A percepção de quem é seu público ajudará a determinar a linguagem e o tom da escrita, e isso também influenciará no número de palavras necessárias para seu artigo.

Ao publicar no LinkedIn, é recomendável que o tema escolhido esteja minimamente alinhado ao mundo do trabalho, para não correr o risco de dizerem que "teria sido melhor publicar seu post no Facebook". Entretanto, essa discussão é complexa. O próprio LinkedIn não define sobre o que você pode ou não escrever. Tudo depende também de sua área de atuação. Médicos podem escrever sobre saúde, profissionais de educação física podem falar de modalidades esportivas, nutricionistas podem falar sobre alimentação saudável, professores, sobre educação - e todos eles podem falar sobre qualquer outro tema que desejarem. Política, futebol, religião, experiências pessoais, espiritualidade, maternidade, desafios profissionais... Não há limites. Se o que for produzido for considerado útil, geralmente não se receberá críticas. Para esse tipo de conteúdo a criatividade é o limite.

Até mesmo coisas que acontecem no dia a dia, no trânsito, no relacionamento com pessoas, podem se transformar em ótimos conteúdos. Para que se tornem positivos para a sua imagem profissional, é preciso buscar a relevância, afinal as pessoas não se importam necessariamente em saber de suas conquistas, mas em tirar alguma ideia ou lição delas. Por exemplo, fazer um post mencionando que você participou de um evento interessante para sua carreira é positivo para deixar claro que você é um profissional preocupado em se atualizar e que busca aprender coisas novas sempre, mas, ao postar uma foto e dizer que está participando ou participou daquele evento, como isso pode ser relevante para quem está lendo, além do meu marketing pessoal? Sempre que possível acrescente a esse conteúdo uma ideia, uma frase que ouviu e marcou, um resumo sobre o que aprendeu ou as tendências que foram apontadas por quem estava lá, por exemplo. Dessa forma você se revelará útil e relevante para quem está lendo e que talvez não tenha participado do mesmo evento que você ou não tenha visto o que você viu. Assim, além de fazer seu marketing pessoal, você ampliará as possibilidades de interações e debates positivos em sua postagem.

Fazer mistura de conceitos ou associar vida profissional a qualquer outro tema pode funcionar bem. Nesse sentido, a dica é ser cuidadoso com a abordagem, já que você pode despertar uma grande crise dependendo da ferida que tocar. Se estiver pronto para lidar com isso, vá em frente, tendo em mente as possíveis consequências.

Cada um desses temas é uma oportunidade para conectar também sua *unique story*. Qual sua visão pessoal sobre o assunto? O que viveu relacionado? Que conselhos tem para outras pessoas nesse sentido?

Algumas inspirações para conteúdos que criei surgiram em momentos inusitados: enquanto tomava banho, prestes a ir dormir, dentro de um avião e até mesmo por meio de uma ótima história sobre reviravolta profissional contada por um taxista que me atendeu. Quando me sinto inspirada e a situação permite, paro tudo e começo a escrever antes que a ideia vá embora.

Associar assuntos ou teorias diferentes para criar algo próprio também é um caminho. Certa vez eu enxerguei uma associação entre a teoria que diz respeito ao efeito manada, a teoria das janelas quebradas e a coragem virtual coletiva que percebemos presente em muitos usuários protegidos pelas telas de seus smartphones e computadores. Escrevi um artigo que associava tudo isso, criando uma relação entre as teorias e cheguei a algo original, que anteriormente não havia sido associado.

## CAPÍTULO 8

Houve uma vez que alguém criticou dizendo que quem faz muitas coisas diferentes profissionalmente parece um ornitorrinco. De acordo com essa pessoa, ser ornitorrinco significa que o profissional não é bom em nada. Quando decidi pesquisar mais sobre esse animal, descobri diversas características interessantes e percebi que dava para criar uma relação com os profissionais slash, aqueles que atuam em mais de uma frente e não se limitam. O livro *Roube como um artista*, de Austin Kleon, diz algo que gosto muito: "não jogue fora nenhuma parte sua; se você tem duas ou três paixões, não sinta como se precisasse escolher entre elas e ficar com uma. Mantenha todas as suas paixões na vida". Cita ainda uma frase de Steve Jobs, "não dá para ligar os pontos olhando para a frente; você os liga olhando para trás".

Ler livros e artigos também vai ajudá-lo a criar temas interessantes, isto porque você terá uma visão mais ampla sobre outros assuntos e até mesmo visões contrárias a eles. Ler revistas estrangeiras também é um caminho legal, pois elas costumam trazer tendências que nem sempre são conhecidas no Brasil e você pode se inspirar com elas, abordando esses assuntos de forma inédita.

Além de todos esses temas livres, você pode produzir conteúdo mais técnico, embasado, sobre sua área e, inclusive, citar estudos e tendências. Para obter insights nesse sentido você precisa considerar seu público-alvo. Quais são as principais dúvidas dele? E as objeções que o impede de entrar em contato com você ou contratá-lo? Tudo isso pode ser transformado em conteúdo.

Perto de casa há uma mecânica cuja placa diz "economia é trocar só o que precisa". Perceba como essa frase procura trabalhar uma objeção. Geralmente, ao levarmos o carro a um mecânico temos receio de que eles nos digam que será preciso trocar muito mais peças do que o necessário. Ao entender que essa é uma possível objeção do público, trabalhá-la em uma publicidade foi efetivo para ajudar a aumentar a confiança na empresa.

O dia a dia de produção de conteúdo não tem fórmulas mágicas. Às vezes acertamos, às vezes erramos. Há casos em que acreditamos que aquele conteúdo gerará muito interesse, que muita gente irá gostar, mas, na prática, quase nada acontece. É preciso persistir. Estratégias baseadas em conteúdo costumam ser positivas, mas seus resultados não surgem da noite para o dia.

**Como descobrir bons temas**

Eu gosto de recomendar um site chamado Answer the Public (*www.answerthepublic.com*). Nele você digita uma palavra-chave e pode ver um mapa de insights para ótimos temas, com base em volume de busca no Google e no Bing. Isso quer dizer que você terá todas as coisas que as pessoas mais estão procurando nesses buscadores. O que fazer com essa informação? Transformá-la em conteúdo, adicionando suas experiências, histórias, conselhos, pesquisas e estatísticas relacionados ao assunto, e deixando sua *unique story* transparecer.

Para dar um exemplo prático, vamos ao caso do Carlos novamente. Ele é um especialista em *blockchain*. Vamos digitar no site esse termo e ver os resultados; em inglês costuma ser melhor a pesquisa. Perceba quantos insights

## CAPÍTULO 8

o Carlos poderá obter para criar conteúdo técnico sobre a área em que é especialista:

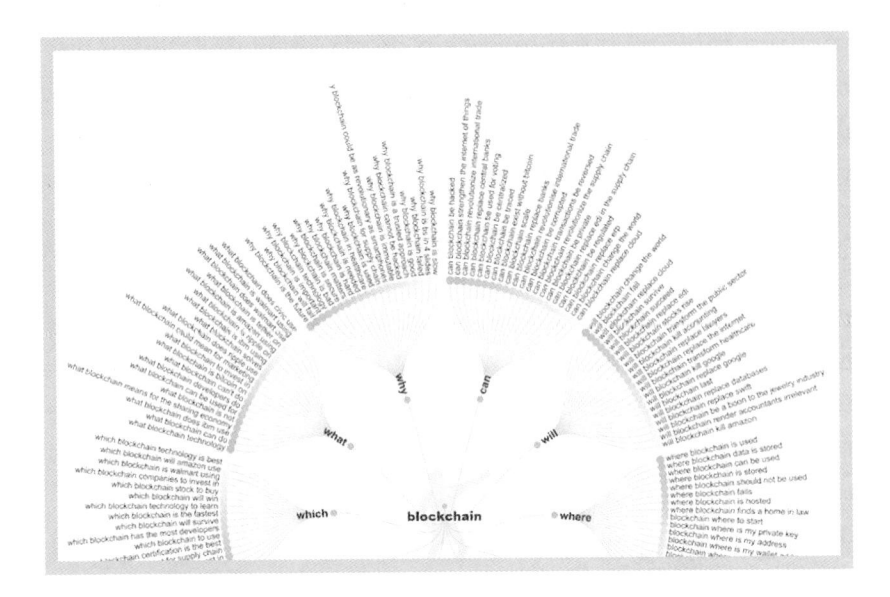

Agora vamos dar um zoom:

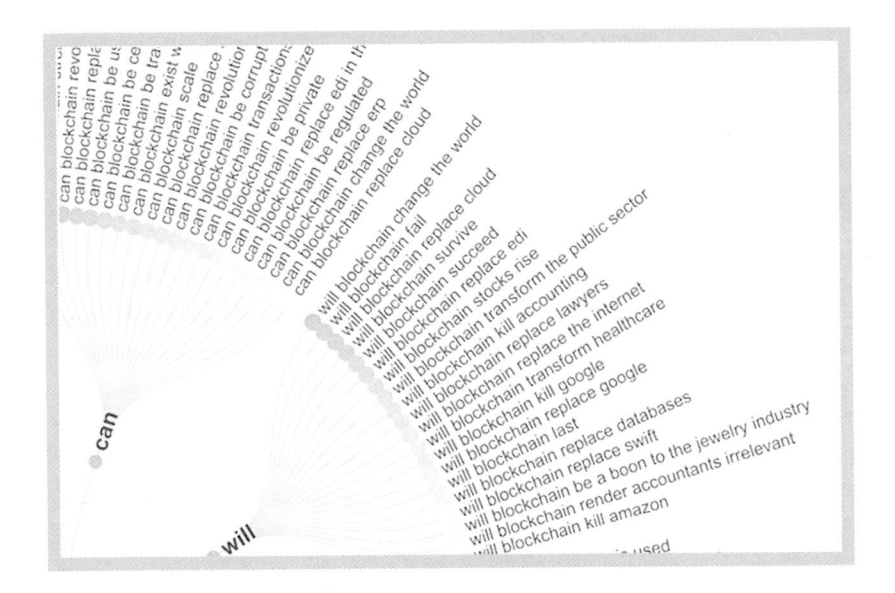

## Sobre o que falar?

As pessoas estão buscando respostas para diversas coisas relacionadas à palavra-chave que digitamos (*blockchain*). Por exemplo, "o *blockchain* vai substituir a nuvem?", "o *blockchain* pode transformar o setor público?". Se as pessoas estão buscando por essas respostas, seria muito interessante produzir conteúdo sobre esses assuntos, pois haveria mais chances de se conseguir leitores.

O modo como o conteúdo será escrito vai depender de quem é o público-alvo que irá consumi-lo majoritariamente, lembrando que não controlamos quem o acessa. Eu opto por sempre escrever da maneira a mais didática possível, de modo que leigos no assunto também entendam o que estou falando, mas naturalmente alguns termos farão muito mais sentido para quem é daquela área.

Por exemplo, se o Carlos for escrever sobre "o *blockchain* vai substituir a nuvem?" (não necessariamente esse será o título), provavelmente pessoas de tecnologia ou que estejam familiarizadas com o termo "nuvem" poderão se interessar. Como isso irá ajudar o empreendedor Carlos a gerar mais negócios? Mostrando alguns caminhos ao final do conteúdo sobre como se preparar para essa transformação e deixando escapar também que ele, como consultor, pode ajudar nisso. Em marketing chamamos isso de *"call-to-action"*, ou seja, uma chamada para uma ação que ajuda o seu leitor a dar um próximo passo e falar com você.

Há diversos tipos de *call-to-action*. Você pode direcionar o leitor para uma landing page para pedir alguns dados sobre ele e contatá-lo depois ou mesmo oferecer outro tipo de material para download em troca dessas informações. Um *call-to-action* pode ser um número de telefone, um endereço de email, um formulário, uma oferta de material

## CAPÍTULO 8

para download, um "saiba mais", enfim, são várias as possibilidades. O objetivo é conseguir ir além de oferecer um conteúdo gratuito, mas saber quem o está consumindo, visto que pode ser um cliente em potencial. Entretanto, tudo depende de seu perfil na rede. Essa prática acaba sendo mais efetiva quando se deseja gerar negócios pela plataforma. Se o seu objetivo é conseguir um emprego ou que um recrutador veja seu perfil como positivo, não necessariamente será preciso ter um *call-to-action* ao final de seu conteúdo.

Agora, vamos a outro exemplo. Se o Carlos optar por escrever sobre "o *blockchain* pode transformar o setor público?", pode ser que o conteúdo dele seja muito atraente para pessoas que trabalham nesse setor e que queiram entender como uma tecnologia pode impactar seu dia a dia, seja como instituição ou como funcionário. Aqui o ideal seria que ele iniciasse explicando claramente o que é *blockchain*, que desse exemplos práticos e também que contextualizasse quais são os problemas do setor público que poderiam ser resolvidos com essa tecnologia.

Se o Carlos atender também o setor público como consultor, pode ser um gancho interessante para conectá-lo a mais oportunidades profissionais, mas é importante lembrar que, nesse caso, os meios de contratação podem ser diferentes das empresas privadas, não bastando o desejo de tê-lo por lá como consultor. De todo modo, os conteúdos que ele produzir sempre serão úteis a alguém e o ajudarão a reforçar quem ele é e o que domina. Em muitos deles poderão existir chances de incluir histórias pessoais, por exemplo, contando como foi que ele decidiu estudar essa tecnologia. Isso tornaria seu conteúdo ainda mais autêntico e humano, e o ajudaria a ser único.

### Unique story na introdução de um livro

Outro dia conheci um médico cujo filho recém-nascido apresentou sintomas de alguma doença. Algo estava errado. Pediatra, o médico ainda não sabia bem o que era, mas, como pai, tinha uma preocupação e um empenho enorme em tentar ajudar o filho o quanto antes.

Então, ele começou a pesquisar sobre o assunto e chegou a um possível diagnóstico. Como não era especialista naquela doença, ao consultar a literatura médica obteve algumas possíveis respostas sobre tipos de tratamento que poderiam funcionar. Sua família e alguns amigos não acreditavam que ele pudesse estar certo, mas ele insistiu e os médicos que acompanhavam seu filho concordaram que aquele tratamento poderia salvar a criança, e assim foi feito.

Constatou-se que aquele diagnóstico estava certo e a criança pôde crescer com saúde, sem sequelas, após o tratamento indicado ter início. Algum tempo depois, esse pai decidiu escrever um livro sobre o assunto e, em vez de apenas abordar a doença em si, levou para aquela obra, em sua introdução, a sua *unique story*, ou seja, como ele se tornou um especialista naquela doença, agora atendendo mais crianças com os mesmos sintomas. Certamente, quem ler seu livro, ou mesmo outros artigos e entrevistas que ele venha a produzir, vai se identificar muito mais por se tratar de uma história que ele viveu na pele.

CAPÍTULO 8

### Definindo o objetivo do seu conteúdo

Antes de escrevermos um texto ou mesmo gravarmos um vídeo, precisamos ter claro qual é o objetivo dele. Por que estou escrevendo sobre isso? O que pretendo ao fazer isso? Conteúdos podem ter finalidades muito diferentes:

» Analisar alguma coisa
» Apresentar uma ideia, causa, empresa, novidade, etc.
» Avaliar um serviço, local ou ideia
» Classificar algo
» Comunicar um acontecimento
» Criticar
» Contrastar
» Definir
» Descrever
» Explicar
» Identificar
» Contar
» Listar
» Organizar
» Resolver
» Resumir
» ...

Por outro lado, precisamos refletir sobre os motivos que levam alguém a ler um texto. É claro que pode ser simplesmente porque o título ou a imagem lhe chamaram a atenção, mas, lá no fundo, sempre há um motivo. Em nosso dia a dia buscamos diferentes coisas; queremos aproveitar oportunidades, conhecer coisas novas, descobrir preços melhores, nos aprofundar em algo que conhecemos pouco, nos divertir, rir, saber se vale a pena comprar determinado livro ou qualquer outro produto, fazer mais amigos, sermos promovidos, vender mais, nos superarmos, competir, nos aceitarmos, controlar a própria vida, ser mais produtivo, distinguir-se, trabalhar menos, ganhar mais, evitar aborrecimentos, expressar sua personalidade, influenciar e tantas outras coisas mais. Como o conteúdo que você vai produzir pode ajudar em um desses objetivos velados?

Dicas para se ter mais ideias sobre assuntos e produzir melhores conteúdos:

- » Leia muito; isso ajudará a aumentar seu repertório e levará a novos insights.
- » Converse com pessoas e participe de eventos; às vezes uma frase que você ouviu durante o dia já é suficiente para gerar grandes ideias.
- » Aprenda a partir das experiências dos outros.
- » Examine o que já foi dito sobre o assunto em outros locais.
- » Se a ideia deu certo uma vez, tente usá-la de novo com algumas variações.
- » Curadoria de conteúdo: reúna informações, crie listas; todo tipo de material que possa ajudar alguém a ganhar tempo será útil. Até mesmo posts de *feed* podem ser fruto de uma curadoria de links, imagens e documentos de outros sites ou recompartilhamentos de outros usuários da rede. Isso também pode ser positivo para sua imagem. Nesse caso, inclua um comentário pessoal sobre aquele post, para deixar sua opinião ou até mesmo o motivo de ter compartilhado aquele material.
- » Faça perguntas em sua timeline; elas podem gerar mais ideias.
- » Relaxe. Nem sempre você estará em um bom dia para produzir. Às vezes as ideias não aparecem mesmo.

# CAPÍTULO 9
# TAMANHO, ESTRUTURA E FORMATAÇÃO DO CONTEÚDO

Uma das dúvidas que mais recebo é sobre o tamanho ideal do conteúdo no LinkedIn. Como já disse, recomendo que você dê ao seu conteúdo o tamanho que ele precisa e merece. Ou seja, há coisas mais pontuais e de dia a dia que conseguimos tratar em posts menores no próprio *feed*, principalmente quando queremos fazer perguntas ou

## CAPÍTULO 9

conseguir interações. Já outras merecem mais espaço e aprofundamento, e aí o melhor é criar um artigo. Há casos em que abordar aquele assunto por meio de um vídeo é muito melhor, inclusive para que as pessoas possam ver seu rosto.

Certo dia o resultado de um post no *feed* me surpreendeu bastante. Ao comunicar que eu havia aberto uma nova turma do curso que ministro, optei por não apenas dizer a data e o link para inscrição, mas incluir minha *unique story* nele. O curso era sobre produção de conteúdo e eu comecei o post falando sobre como escrever no LinkedIn havia me ajudado a dar um salto em minha carreira e as várias conquistas que havia feito.

Finalizei comentando que aquilo poderia ajudar outros profissionais a se destacarem também e que nesse curso eu compartilharia todas essas dicas, e incluí uma foto pessoal em que estava feliz enquanto ministrava um curso. Algumas horas depois, a quantidade de comentários me surpreendeu. O curso não apenas esgotou em número de participantes, como muitas pessoas se identificaram com a história e deixaram uma mensagem positiva. Ali existia transparência e, ainda que você use a rede para conseguir clientes, construirá uma imagem positiva se incluir a sua essência e for honesto com as pessoas.

Eu entendo que nem sempre você terá uma grande história para conectar ao que está produzindo. Nesse caso, histórias de pessoas próximas ou mesmo de um cliente que você tenha atendido também podem ser interessantes para contextualizar e tornar o conteúdo mais humano e real.

De modo geral, é interessante variar os tipos de conteúdo, ou seja, não produzir apenas artigos, mas também posts de *feed* e vídeos (se você se sentir confortável para isso, claro). Eles ajudam a ampliar discussões e geralmente (dependendo de como forem escritos) engajam melhor. Tudo depende também de suas habilidades. Há pessoas que escrevem muito bem, mas não se sentem à vontade para fazer um vídeo e se expor ou têm dificuldade para lembrar o que precisa ser dito. Do mesmo modo, há pessoas que preferem consumir um artigo do que assistir a um vídeo e vice-versa.

Eu acredito que mesmo um assunto mais complexo pode virar um post curto e, nesse caso, será preciso trabalhar para deixar o texto o mais denso possível, removendo palavras que não acrescentam muito e que só tomam espaço. Aliás, mesmo em textos maiores essa preocupação deve ser frequente. Textos repletos de palavras vazias o tornam fraco e geram a sensação de perda de tempo, fazendo o leitor ir embora sem terminar de ler. Uma dica é começar escrevendo sua ideia bruta dentro do limite de caracteres, depois analisar o que pode ser removido ou reescrito, que tipo de informação precisa ficar e qual deve sair.

É por isso que eu gosto bastante do que chamamos de "dormir a ideia". Sempre que possível eu gosto de escrever sobre algo e deixo o texto "descansando" um pouquinho. Depois, volto para verificar se o escrevi da forma como queria mesmo, se expressei da maneira a mais adequada possível o que queria comunicar, se há oportunidade de trocar uma palavra ou apagar um trecho e só então eu publico. Às vezes, até volto e edito algo que já escrevi se percebo que pode se tornar melhor.

CAPÍTULO 9

**Existe um tamanho ideal?**

Existe um mito de que conteúdos muito extensos não são lidos pelas pessoas. Na verdade, isso depende de diversos fatores. Quem aprecia aquele tema e se interessa por ele está mais propenso a ler até o final, ainda que seja extenso. Entretanto, se o conteúdo for mal escrito ou mal formatado, o leitor pode desistir e ir embora. Até mesmo o tamanho das frases e dos parágrafos pode influenciar no sucesso do seu texto. Você pode facilitar para seu leitor criando frases menores; isso aumenta suas chances de ser plenamente compreendido. Além disso, criar parágrafos mais curtos, garantindo que sua ideia tenha uma lógica do começo ao fim.

Cuidar da formatação do seu conteúdo faz muita diferença. Ao escrever um post, por exemplo, ele ficará muito mais interessante e fácil de ler se houver espaço entre os parágrafos. O mesmo cuidado vale ao escrever artigos. Incluir subtítulos para organizar as seções ajuda seu leitor a encontrar o que busca facilmente.

A maneira como você escreve um artigo influencia no sucesso dele. Por mais longo que seja, se ele parecer interessante, será igualmente lido por seu público. Muitos de meus artigos de maior sucesso têm mais de duas mil palavras, ou seja, bastante extenso. O que levou a um bom resultado foi o jeito de abordar o assunto e de apresentar os fatos. É preciso dar motivos ao longo das frases para que as pessoas continuem lendo. O título precisa corresponder ao que será encontrado; caso contrário, só gerará frustrações.

# Tamanho, estrutura e formatação do conteúdo

Em um dos vídeos de apresentação da plataforma de publicação de artigos[2], o LinkedIn afirma que artigos com mais de duas mil palavras costumam ter uma performance melhor. Um estudo realizado pela plataforma de publicação de artigos Medium, chamado "Understanding which Medium posts get the most attention" (em português, "entendendo quais mensagens do Medium recebem mais atenção")[3], percebeu-se que o tamanho de texto que melhor performou tinha em média sete minutos, como mostra a imagem a seguir.

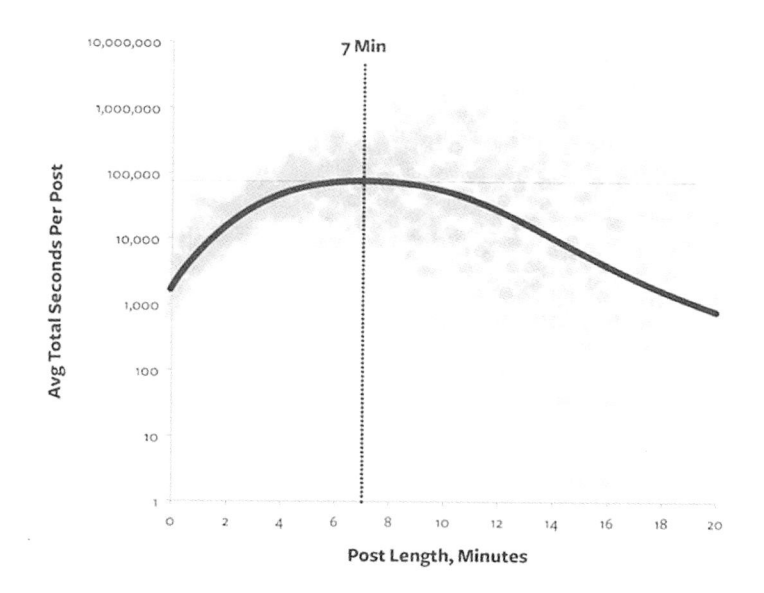

---

[2]Fonte: https://pt.slideshare.net/LinkedInbrasil/como-publicar-artigos-no-LinkedIn-81386009).

[3]Fonte: https://medium.com/data-lab/the-optimal-post-is-7-minutes-74b9f41509b).

De acordo com o próprio Medium, isso não significa que devamos começar a forçar os conteúdos a durarem sete minutos, pois boas postagens podem ter um bom desempenho independentemente de seu tamanho. Um conteúdo ruim não melhora em resultado apenas por sua estética. O que vale é escrever o quanto você realmente precisa.

O tamanho sempre vai depender do assunto abordado e da necessidade de aprofundá-lo ou não. Quando produzimos passo a passo, por exemplo, geralmente as pessoas preferem textos mais curtos, que expliquem direto ao ponto o assunto. O que influencia nisso pode ser explicado pela jornada do consumidor e também pelo que o Google chama de "micromomentos".

**A jornada do consumidor**

Em marketing digital esse termo é bastante conhecido e debatido. Ao pensar uma estratégia de vendas para atrair e captar novos clientes para um negócio, é preciso levar em conta o trajeto que o consumidor faz até chegar em você. Esse caminho mudou: antes as pessoas assistiam a propagandas na TV que as levavam a ir até uma loja para comprar, mas hoje existem diversas outras etapas. O consumidor não é igual; cada um pode saber mais ou menos sobre um determinado assunto ou mesmo produto. As etapas da jornada são as seguintes:

**1. Descoberta**: tudo começa com a constatação de um problema, algo que precisa ser resolvido. Aqui ainda não se sabe claramente o que poderá ajudar, por isso, não necessariamente o consumidor vai digitar o nome exato de um produto/serviço ou marca. Imagine que alguém tenha ido mal nas provas escolares e use o Google para pesquisar possíveis soluções para isso. Agora, imagine que o seu negócio seja oferecer aulas particulares de determinadas disciplinas como forma de reforço escolar e que você tenha conteúdos produzidos sobre o assunto, dando dicas e conselhos sobre como obter melhores resultados. Há muito mais chances de que esse consumidor chegue até você, porque ele pode ter digitado uma palavra-chave que correspondeu a algum termo usado em um de seus conteúdos. Ali você tem a chance de mostrar caminhos para quem foi mal nas provas, sendo um deles a contratação de um professor particular. Ou seja, inicialmente o consumidor não havia pensado que esta poderia ser uma solução, mas, em seu conteúdo, você conseguiu conectá-lo à sua oferta.

**2. Consideração**: aqui o consumidor já sabe qual é seu problema e que existem soluções para ele. Essas soluções podem passar pela contratação de um professor particular, fazer um cursinho ou mesmo assistir aulas online. Nesse caso, você, como profissional, poderá ter deixado claro em seu conteúdo as vantagens da solução que oferece e como ela pode ser uma opção melhor do que as outras que o consumidor considerou inicialmente.

**3. Decisão**: essa é a fase que acontece antes de uma compra. O consumidor sabe qual problema enfrenta e já identificou a melhor solução para sua dor. Aqui é momento de persuadi-lo com argumentos que ajudarão a vender, como preço, valor, vantagens e benefícios.

**4. Compra**: na etapa da compra, o consumidor está completamente inclinado a finalmente adquirir a oferta. Existem conteúdos que podem ajudar, como cases de sucesso e depoimentos de clientes.

Na prática, não há como saber por qual caminho o consumidor chegará até você. Tudo vai depender das buscas que ele fizer e de o seu conteúdo estar indexado e bem posicionado no buscador, para aumentar suas chances de ser encontrado. O ideal é existir uma conexão entre os conteúdos produzidos para cada etapa, de modo que o consumidor tenha opções para navegar e continuar lendo sobre o assunto, inclusive avançando nas etapas da jornada e se aproximando do momento da compra.

Esse processo faz bastante sentido para blogs, nos quais os conteúdos podem ser direcionados para cada uma das etapas. No LinkedIn, não necessariamente você deverá fazer dessa forma, mas é importante conhecer como a jornada funciona para ter em mente o quanto os consumidores podem estar em momentos diferentes e como poderão chegar até você por meio do conteúdo que você criar.

**Micromomentos do Google**

O Google acredita que o comportamento e as expectativas dos consumidores mudaram, e para sempre, e que o motivo dessa mudança é o smartphone. Com esse pequeno e poderoso aparelho no bolso, fazemos mais do que simplesmente olhar a hora, mandar mensagens ou ficar em contato com amigos. Recorremos aos celulares com alguma intenção e temos expectativas de que as marcas atendam nossas questões imediatamente. É nesses momentos de "Eu quero saber", "Eu quero ir", "Eu quero fazer" e "Eu quero comprar" que as decisões são tomadas e

---

[4] *Fonte: https://www.thinkwithgoogle.com/intl/pt-br/marketing-resources/micro-momentos/how-micromoments-are-changing-rules/*

## Tamanho, estrutura e formatação do conteúdo

as preferências são formadas. De acordo com pesquisas[4] do Google, 94% dos usuários de smartphones procuram por informações em seus aparelhos enquanto estão em meio a tarefas e 80% dos brasileiros que possuem esses aparelhos usam seus dispositivos para saber mais sobre algum produto ou serviço que querem adquirir. É aqui que reside o ponto em que muitas marcas ainda não prestaram a devida atenção.

Os hábitos do consumidor mudaram graças à massificação do smartphone, no Brasil e no mundo. No país, a internet já ultrapassou todas as outras mídias em termos de quantidade de tempo que os brasileiros despendem por dia. Os acessos são feitos em desktops, laptops, tablets, celulares, relógios, TVs com internet e, muitas vezes, todas essas experiências ocorrem em um mesmo dia. O tempo de navegação, no entanto, tem crescido nos dispositivos móveis. Com dados coletados do Google Analytics, entre os meses de maio de 2014 e 2015, houve um aumento de 112% na participação do smartphone no acesso à internet, considerando as muitas sessões por dia.

Para o Google, ninguém se prende a determinados momentos para pesquisar e tomar decisões. A previsibilidade dos desktops cedeu lugar às interações fragmentadas, viabilizadas pelo uso intenso dos dispositivos mobile, principalmente dos smartphones. Até o final de 2015, mais de 53% das buscas no Brasil feitas no Google Search viriam dos dispositivos móveis, segundo análise interna, baseada no crescimento mensal de celulares e tablets entre o primeiro semestre de 2014 e 2015. Nesse novo contexto, as decisões passaram a ser tomadas em instantes de impulso, gerados a partir de uma necessidade que não tem mais hora

## CAPÍTULO 9

marcada para se manifestar. O dispositivo mais próximo é usado para resolver uma necessidade específica naquele mesmo momento. O Google define então micromomentos: o "momento eu quero saber", o "momento eu quero ir", o "momento eu quero fazer" e o "momento eu quero comprar". Todas as empresas que querem investir no relacionamento com seus consumidores precisam saber que esses micromomentos são o novo campo de batalha para conquistar o coração, a mente e a carteira dos clientes.

- **Eu quero saber**: antes, era preciso esperar para procurar informações; agora, podemos tê-las nas pontas dos dedos a qualquer momento.

- **Eu quero ir**: as sofisticadas ferramentas de localização disponíveis nos smartphones estão ajudando consumidores a encontrar o que querem e levá-los aonde querem.

- **Eu quero fazer**: os consumidores não precisam mais esperar para descobrir como fazer alguma coisa. É possível procurar na hora em que a necessidade aperta, como consertar um carro ou fazer uma receita na cozinha.

- **Eu quero comprar**: seja para repor algo quebrado, comprar um novo produto ou pegar informação sobre alguma coisa que pretende comprar.

Portanto, nesse novo e definitivo cenário, as marcas de sucesso serão aquelas capazes de atender a essas demandas, de entender e conectar-se com seus clientes, exatamente onde eles estão, nesses micromomentos, e o conteúdo pode conectar você a esse consumidor que está buscando algo na internet.

## Quanto escrever x palavras-chave de long tail

Quando falamos em artigos, para você ter chance de tê-lo indexado corretamente no Google, o ideal é que seu texto tenha mais de 300 palavras. Inclusive, há profissionais que defendem que ele precisaria ter ao menos entre 400 e 600 palavras.

Nesse tamanho, é mais frequente encontrar clippings, opiniões curtas, comentários de notícias e acontecimentos diversos. Hoje o tamanho de conteúdo mais utilizado em blogs varia entre 500 e 2.000 palavras. Para o Google, textos com mais palavras tendem a conquistar as primeiras posições. Acertar na escolha das palavras-chave é uma arte que nos ajuda a sermos encontrados e a conseguirmos melhor posição no buscador.

Procure escolher apenas uma como foco, pois muitas ao mesmo tempo impedem que o Google identifique o foco do seu texto. Isso não significa que você precise repeti-la excessivamente ao longo do texto; basta escrever de modo natural. Outra dica é optar por palavras-chave de *long tail*, (cauda longa, um conceito citado por Chris Anderson ao abordar o assunto nichos), pois com elas podemos nos diferenciar. Entenda melhor o que isso significa:

» **Short tail**: uma ou duas palavras genéricas com alto nível de desempenho no buscador, mas com muita competição. São palavras usuais que significam muito e por isso todo mundo usa. Por exemplo, "futebol", "água" ou "teatro". Ao digitar uma dessas palavras, milhões de resultados aparecem. Geralmente apenas marcas muito fortes no mercado são encontradas nos primeiros resultados por palavras assim.

- » **Middle tail**: aqui há um pouco mais de definição e encontramos menos concorrência. Por exemplo, "água de rosas", "futebol inglês" ou "música clássica".

- » **Long tail**: aqui estamos falando de algo que está bem mais definido. Ou seja, quando digitamos palavras-chave de *long tail*, desejamos encontrar resultados mais específicos. Por exemplo, "água de rosas para diminuir olheiras", "futebol inglês série C ao vivo", "música clássica para dormir".

Ou seja, com palavras-chave de *long tail* conseguiremos dar uma resposta concreta às perguntas e nos posicionarmos melhor em resultados de busca, já que a concorrência seria melhor. É exatamente por isso que até mesmo ao escolher o tema e o título de um artigo para o LinkedIn, quanto mais direcionado ele for, menos genérico, mais chances de sucesso você terá.

**Estrutura**

Seu texto precisa ter uma introdução, um desenvolvimento e uma conclusão. Precisa ter um pensamento lógico e coerente, apresentar fatos considerando o momento mais interessante de abordá-los.

Chris Anderson cita no livro TED Talks que um dos palestrantes TED com mais visualizações na internet é Sir Ken Robinson. Segundo ele, em geral suas palestras seguem uma estrutura simples:

A) Introdução — apresentação, o que será exposto.

B) Contexto — por que a questão é relevante.

C) Conceitos principais.

**D)** Implicações práticas.

**E)** Conclusão.

Para Sir Ken existe uma velha fórmula para a redação de ensaios. Nela, um bom ensaio responde a três perguntas: O quê? E daí? E agora? Seu conteúdo será desenvolvido com mais força ao acompanhar uma linha mestra e isso tornará clara a forma como cada elemento se liga a ela, seja em uma palestra ou em um artigo em seu LinkedIn.

Um de meus artigos mais lidos e comentados se chama "Para todos aqueles que já choraram escondido no banheiro da empresa". Esse é um artigo bem pessoal no qual abordo o assunto estresse no trabalho, revelando uma história pessoal e delicada de um período em que estava tão mal que perdi a capacidade de ler temporariamente e fui parar no neurologista. Trata-se de um artigo longo, conectado à minha *unique story*, que foi ter vivido a situação na pele e ter saído dela.

Apesar de ser um texto bastante pessoal, a temática está dentro do que abordo, já que sou uma escritora sobre carreira e também professora universitária que dá aulas sobre temas relacionados a carreira. Muitas de minhas palestras abordam questões delicadas como essas, buscando mostrar caminhos para que as pessoas sejam mais felizes no que fazem, tornando-se protagonistas.

Eu acredito que diversos fatores ajudaram a obter um bom resultado: o título, que gera identificação imediata com pessoas que estejam vivendo a mesma circunstância; a imagem, que traz um rosto humano e que, imagino que, por ser em preto e branco, se torna bastante forte, e até mesmo o modo como eu iniciei o texto, indo direto ao ponto e gerando curiosidade no leitor para que ele queira continuar lendo o restante. De um modo geral, a empatia e a emoção conectam o leitor. Batendo um papo com o especialista em *storytelling* Bruno Scartozzoni, ele disse algo interessante: "não existe situação em que você não possa usar a emoção. O que existe é uma situação em que você não se sente confortável em usá-la".

Quando optamos por criar conteúdos tão pessoais como esse, é interessante incluir para o leitor algum conselho ou dica prática, ou seja, não apenas focar no que você viveu, mas em como fez daquela situação algo melhor, mais positivo. Eu também fui cuidadosa em não revelar nomes ou qualquer outro aspecto que pudesse expor pessoas. Eu me sentia segura para falar sobre aquilo e alertar outras pessoas sobre os perigos do estresse no trabalho e já não atuava mais naquela empresa há algum tempo. Nem todo mundo precisa falar sobre assuntos tão pessoais assim, como já abordei em capítulo anterior. A escolha dos temas deve estar alinhada ao seu momento e objetivos profissionais, e você pode optar por produzir conteúdo apenas sobre o que o deixa confortável.

### Adicionando recursos em artigos

Uma maneira de tornar os artigos em seu LinkedIn ainda melhores é utilizando os diversos recursos que o editor oferece. É possível usar tamanhos diferentes de fonte, negrito, itálico, sublinhado, listas, dar destaque a determinados trechos e incluir links para outros sites. No corpo do artigo se pode adicionar outros recursos, tornando seu visual muito mais rico:

- » **Imagens**: você pode escolher de seu computador uma imagem já armazenada e configurar o tamanho dela, de acordo com as opções que o editor apresentar. Ela poderá ser disponibilizada ao longo de seu texto. O ideal é não usar muitas imagens em um só texto, pois isso pode prejudicar a leitura.
- » **Vídeo**: aqui será preciso ter o link do vídeo que deseja incorporar; você não poderá fazer upload de um vídeo de seu computador, é preciso que ele já esteja na internet, por exemplo, por meio de um link de YouTube.
- » **Slides**: O SlideShare é um produto do LinkedIn que permite fazer upload de slides para compartilhá-los com outras pessoas. Você pode usar o link de um slide seu ou de outra pessoa, desde que esteja público no SlideShare.
- » **Links**: caso queira distribuir links para outros artigos ou sites externos em um visual mais interessante que apenas texto, use esse recurso. Seu link será exibido em formato de quadro retangular com imagem. De acordo com o LinkedIn, artigos que têm links aumentam em até 200% o engajamento.
- » **Trecho**: para criar um quadro cinza e escrever um trecho de seu artigo em destaque, use esse recurso. Basta clicar em "trecho" e escrever dentro da caixa, depois, seguir escrevendo normalmente fora dele.

A utilização criativa e adequada dos recursos do editor ajuda a tornar a leitura de seu artigo mais agradável, enriquecendo a experiência do leitor.

# CAPÍTULO 10
# COMO CRIAR UM BOM TÍTULO?

Eu gosto de deixar a criação do título para o final de tudo. Quando começamos a planejar um artigo, um post de *feed* ou até mesmo um vídeo, o ideal é termos em mente o tema. Não pode ser muito genérico, afinal, não dá para falar sobre tudo. O ideal é você partir de algum recorte e ter em mente aonde quer chegar com seu conteúdo. Ou seja, você pode começar com um título provisório, apenas para guiar o que será escrito e ajudá-lo a não perder o rumo. O título é uma espécie de promessa e, se não encontrar isso no que você produzir, o leitor vai se sentir frustrado. Aliás, de acordo com o LinkedIn, 85% das pessoas só leem o título, um dado que reforça o quanto é importante se dedicar a essa escolha.

Um recurso que gosto bastante é, após definir o tema (que ainda não é o título), escrever alguns tópicos logo abaixo sobre coisas que não quero esquecer de incluir no conteúdo. Depois, vou preenchendo aqueles tópicos com mais informações e ideias. Outra possibilidade é partir de um estudo específico que você tenha lido e construir uma opinião em torno dele. Ou o inverso. Buscar fontes e estudos que embasem e/ou também apresentem pontos de vista diferentes.

Tendo em mente o tema e o conteúdo, é momento de finalmente definir que título ele terá. Essa é uma escolha delicada. Uma vírgula a mais ou a menos pode gerar um sentido completamente diferente do esperado e até originar crises e interpretações erradas.

**Exemplos e ideias para títulos**

Um tipo de título bastante usado por diversos produtores de conteúdo é aquele envolvendo listas:

» 5 coisas que você deveria fazer antes de morrer.

» 15 livros imperdíveis sobre negócios.

» 10 dicas sobre como conseguir um emprego no LinkedIn.

Geralmente esse tipo de conteúdo atrai interesse, pois, ao ter a sensação de que o texto está organizado por tópicos, o leitor sente mais desejo de continuar lendo. Entretanto, o problema dos títulos em formato de listas é que, por mais interessantes que sejam, geralmente as pessoas não se lembram de quem o produziu e até o esquecem facilmente, por ser "apenas mais uma lista". Se você deseja que as pessoas se lembrem do que escreveu e até mesmo de você, autor, vale a pena buscar alternativas.

Outro dia um aluno enviou um artigo para que eu opinasse. Fez isso usando o recurso de compartilhar rascunho que o editor oferece, permitindo que eu lesse antes da publicação efetivamente. Eu notei que ele havia usado o título "inovações logísticas". Apesar de o título ser muito genérico, curto e nada interessante, continuei lendo. Notei que naquele artigo ele contava sobre algumas inovações que havia implantado em uma empresa de logística e que a fizeram ter muito mais sucesso. Ali ficava claro que ele levava um pouco de si junto, não era apenas um artigo técnico, mas algo pessoal. Claramente a *unique story* dele estava presente. Era alguém apaixonado pelo assunto em que trabalha há anos. O artigo era bom, mas o título, ainda não.

Conversei com ele e orientei que poderia pensar um novo título que deixasse mais claro para o leitor o que seria encontrado naquele artigo. Que levasse junto um pouco dele. Então, ele chegou a uma nova opção, que fez muito mais sentido: "Como reinventamos nosso modelo inovando em nossa logística". Percebe como agora estamos diante de algo muito mais interessante? Ele optou sabiamente em usar o "reinventamos" em vez do "reinventei", afinal, por mais que ele tivesse proposto todas aquelas inovações na

## CAPÍTULO 10

empresa, não havia implementado nada sozinho. O novo título também dava a entender que um processo seria compartilhado, ou seja, não apenas diria sobre como eles foram inovadores, mas como aquilo foi feito, gerando ao leitor a percepção de que encontraria ali algo valioso. Além de tornar o título mais interessante, ele também conseguiu gerar interesse até mesmo em pessoas que não trabalham com logística, mas que ficaram curiosas para saber como aquela empresa havia se reinventado.

A seguir, listo alguns títulos que usei em artigos em meu LinkedIn nos últimos anos:

- » Como conseguir um emprego pelo LinkedIn sem precisar apelar
- » Recolocar-se: sobre colocar-se nos eixos antes de voltar a trabalhar
- » *Truthtelling*: porque não há como se esconder em um mundo transparente
- » 8 lições valiosas para tornar suas apresentações incríveis
- » Seja você, mesmo que tentem lhe convencer do contrário
- » O que você precisa saber sobre marketing digital na era da indústria 4.0
- » A era dos especialistas influenciadores e porque você também pode ser um
- » O que ornitorrincos podem lhe ensinar sobre sua vida profissional
- » Como as *company pages* podem ser usadas nos negócios

- » Como entender e explorar a dinâmica do LinkedIn a seu favor
- » Nunca tenha vergonha de quem você é e do que você tem
- » Por que você deveria incentivar sua equipe a usar mais o LinkedIn
- » 25 dicas para quem ficou sem emprego e quer sair dessa
- » O que aprendi sobre entrevistas clichê em um passeio de escuna em Búzios
- » 7 características do bom conteúdo para sua estratégia
- » Toda fase intermediária é a prova de que você está em seu caminho
- » Já não se trata mais de salário: o jogo virou no mundo do trabalho
- » Não seja o criador de sua própria síndrome de burnout
- » Por que ser apenas bom não vai levá-lo a lugar algum
- » O efeito manada, as janelas quebradas e a coragem virtual coletiva na internet
- » Aplicativos, sites e ferramentas úteis para quem está buscando emprego na internet
- » O trabalho não remunerado que me deu o emprego que eu queria
- » 9 coisas que aprendi dando aulas a distância em um MBA
- » Carreiras são como árvores: não crescem da noite para o dia

## CAPÍTULO 10

- » Clicar é um ato público: o poder de destruição e voz de um clique
- » Como ser visto na internet em meio a tanto conteúdo
- » Com que palavras você anda sendo descrito por aí?
- » Planejei minha vida como *roadmap* de software: veja como deu certo
- » 5 empresas que criaram uma cultura de atendimento que encanta
- » 11 coisas que todo profissional deveria fazer para crescer e ser feliz
- » 6 lições de Massimo Bottura sobre persistência e inovação
- » O que um telegrama pode ensinar sobre escrita relevante na internet
- » Assumi o marketing da empresa. E agora?
- » Marketing para novos negócios, como começar?
- » Aprenda a descansar, não a desistir
- » O episódio assustador de *Black Mirror* que já é realidade no dia a dia
- » Você não precisa fazer o mesmo para o resto da vida
- » Views não são tudo: a lógica do engajamento na economia da atenção
- » Para todos aqueles que já choraram escondido no banheiro da empresa
- » Conteúdo é rei, experiência do usuário é rainha
- » Em rede social, tudo é pessoal

- » E se você contasse seus fracassos e não só suas vitórias?
- » João, o cara que nunca pensou em demissão
- » Pedi demissão. E agora?
- » Como fazer marketing para negócios sérios ou chatos?
- » O mercado mudou: e você se tornará obsoleto se não se atualizar
- » O evento que mudou minha vida profissional

**Artigos de sucesso de outros usuários do *LinkedIn***

Em 2016 fui escolhida pelo LinkedIn como uma *top voice*, por conta dos conteúdos que produzi na plataforma. Pedi a outros *top voices* e também a alguns contatos de meu LinkedIn que mencionassem títulos entre seus artigos mais lidos. Eles, de repente, poderiam gerar alguns insights para sua produção de conteúdo:

**Lais Vargas** *(LinkedIn.com/in/laisvargas)*
Cofundadora da Minimiza Apresentações sem firulas (também *top voice*)

- » Seu talento não é melhor ou pior que o meu
- » Por que o Google proibiu o uso de bullet points nas apresentações
- » 6 dicas para deixar seus slides mais bonitos

**Matheus de Souza** *(LinkedIn.com/in/matheusdesouza)*
Nômade digital que escreve, empreende e ensina (também *top voice*)

- » Vestir a camisa da empresa é legal, mas experimente vestir a sua
- » As reuniões que poderiam ter sido um e-mail – ou uma troca de mensagens
- » Precisamos conversar sobre esse negócio de "largar tudo e viajar o mundo"

**Paulo Silvestre** *(LinkedIn.com/in/paulosilvestre)*
Palestrante, diretor de produtos digitais, mídia e e-commerce, e professor (também *top voice*)

- » Enganou a mídia, conquistou mulheres, ganhou dinheiro, mas era tudo mentira: como não ser vítima dos fakes
- » Não entre na onda da fábrica de ódio das redes sociais
- » Como a briga sobre política e religião nas escolas determinará o nosso futuro

**João Paulo Pacífico** *(LinkedIn.com/in/joaopaulopacifico)*
Líder inspirador no Grupo Gaia (também *top voice*)

- » Saiba por que você não atinge todo o seu potencial
- » A festa de sua empresa nunca mais será a mesma... depois de ler esse artigo
- » Como criticar, como elogiar e algumas cositas más

**Murilo Leal** *(LinkedIn.com/in/murilloleal)*
Jornalista, palestrante e professor (também *top voice*)

- » Ter emprego para pagar as contas não faz sentido
- » Por que sua vida é chata (e você provavelmente não vai fazer nada para mudar)

» Para quem não faz ideia do que está fazendo da sua própria vida

**Patrick Pedreira** *(LinkedIn.com/in/patrickpedreira)*
Professor e Mestre em Ciência da Computação, doutorando na USP, autor do livro Carreira sem atalhos

» O que faz um texto viralizar vai te surpreender

» Por que Harvard está ensinando no MBA temas como Inteligência Artificial e Aprendizagem Profunda?

» Tecnologias "racistas": um espelho do preconceito em nossa sociedade

**Eliete Oliveira** *(LinkedIn.com/in/elieteoliveiraconsultoria)*
Recursos Humanos, consultoria em recolocação de profissionais e LinkedIn, palestrante

» Trabalhar remotamente – em qualquer lugar do mundo – o guia completo

» "O poder do hábito" e o que esperar dos livros de autoajuda

» Alguns recursos "escondidos" do LinkedIn irão te surpreender

**Mauro Segura** *(LinkedIn.com/in/maurosegura)*
Diretor de Marketing na IBM Brasil

» O dia em que a IBM Brasil vestiu bermuda e adotou o desconfiômetro

» Eu e meu burnout: o dia em que quase entrei em colapso

» Quando descobri que era um péssimo líder

CAPÍTULO 10

## Os formatos de títulos mais compartilhados

Anders Pink é uma empresa que possui um aplicativo para curadoria automatizada de conteúdo na internet. Em 2017 ela realizou uma análise envolvendo 100 mil posts para gerar insights sobre o tipo de título que melhor performa em artigos no LinkedIn. Chegou a uma nuvem de palavras contendo aquelas mais usadas em títulos nessa rede, como mostra a imagem a seguir:

Most Used Words in 100,000 LinkedIn Headlines

*Anders Pink Study*

De acordo com a análise, palavras como novo (novidades, tendências), futuro, digital, dados, vendas e marketing foram as mais usadas em títulos. Apesar de chegarem a essas palavras, não representou que isoladamente elas significam algo, então, analisaram também frases que foram as mais compartilhadas, com o objetivo de excluir valores discrepantes. Títulos contendo os seguintes trechos foram os mais compartilhados:

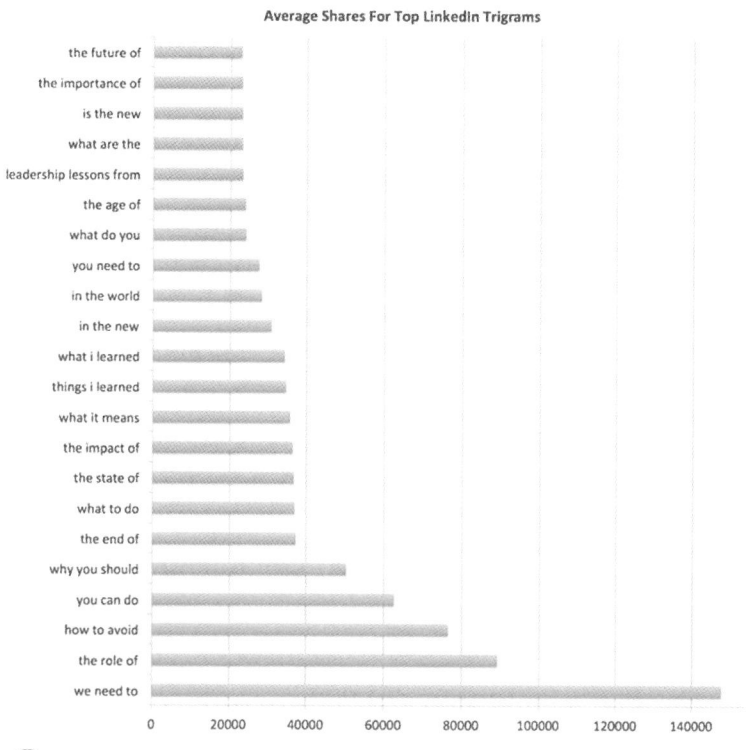

**Average Shares For Top LinkedIn Trigrams**

| Trigram | Average Shares |
|---|---|
| the future of | ~15000 |
| the importance of | ~15000 |
| is the new | ~18000 |
| what are the | ~20000 |
| leadership lessons from | ~22000 |
| the age of | ~22000 |
| what do you | ~25000 |
| you need to | ~28000 |
| in the world | ~28000 |
| in the new | ~32000 |
| what i learned | ~35000 |
| things i learned | ~35000 |
| what it means | ~37000 |
| the impact of | ~38000 |
| the state of | ~38000 |
| what to do | ~38000 |
| the end of | ~38000 |
| why you should | ~50000 |
| you can do | ~62000 |
| how to avoid | ~78000 |
| the role of | ~90000 |
| we need to | ~145000 |

Anders Pink Study of 100,000 LinkedIn headlines

É preciso considerar que os artigos analisados estavam em inglês e que não necessariamente traduzir as expressões garantiria sucesso para seu título, mas certamente se pode tirar lições desses resultados.

**Outras considerações sobre títulos**

Ao escolher um título para seu artigo, há vários aspectos a considerar. Veja mais algumas dicas:

» **O tamanho ideal**: Quando levamos em conta as boas práticas de SEO (técnicas para otimização de sites na internet), tomamos como base que, em relação ao tamanho, é não extrapolar 70 caracteres, ou até menos. Essa média é bastante considerada por blogs e plataformas de textos, e acaba valendo também para artigos publicados no LinkedIn, isso porque ela tem relação com a quantidade de caracteres que é exibida nos resultados de uma busca. Ou seja, escrever títulos muito grandes pode prejudicar sua visualização completa ao fazer uma busca na internet. Dependendo de onde você inserir a palavra-chave mais importante de seu título, a visualização ficará ainda mais prejudicada se ele for muito longo. Nos casos em que não se consegue de jeito algum diminuí-lo, recomenda-se ao menos tentar inverter a ordem as palavras, de modo que a mais estratégica não fique no fim do título, mas no início ou no meio. Apesar dessas métricas, há artigos com títulos supercurtos ou extremamente longos que performaram muito bem.

» **A escolha da imagem**: a imagem utilizada na capa de seu artigo pode complementar, dar sentido e tornar seu conteúdo muito mais interessante. Uma imagem chata, ou que a nada remete ou representa, pode prejudicá-lo. É recomendável que, além de ter qualidade, ela esteja relacionada àquele assunto. Com a imagem certa você consegue até mesmo poupar caracteres, criando títulos menores e mais assertivos, afinal, o complemento do sentido acontecerá com a leitura da imagem junto. Certa vez um site compartilhou a seguinte manchete: "De acordo com estudo, pais bonitos têm mais filhas mulheres". O artigo levava junto a foto de um pai famoso considerado bonito segurando sua filha mulher no colo, o que levava a entender que, de acordo com o estudo, bastava que o pai fosse bonito para haver mais chances de nascer uma menina. Na verdade, o que o estudo dizia era que o casal, ou seja, pai e mãe, precisava ser considerado bonito dentro do que o estudo definiu como beleza para que isso acontecesse. Entretanto, a imagem acabou induzindo a um erro.

» **Posts no feed com título?** As boas práticas com títulos são válidas para artigos, mas também podem ser encaixadas para posts mais curtos publicados diretamente no *feed*. É uma maneira de sinalizar logo no início o que o leitor encontrará ao continuar lendo.

» **Cuidado com clickbait**: esse é o nome dado para conteúdos caça-cliques, que são geralmente polêmicos, sensacionalistas, dúbios ou que geram muita curiosidade. Atrair leitores usando títulos assim é um grande erro e você pode inclusive ser punido. Há alguns anos, Google e Facebook passaram a fazer isso com quem disseminava manchetes desse tipo. Coisas como "você não vai acreditar no que essa mulher fez ao descobrir a traição do marido" ou "eles pensavam que ela era uma boneca, mas ficaram chocados com o que descobriram" costumam gerar muita curiosidade. Entretanto, quando o post é aberto, costuma-se encontrar histórias fantasiosas, conteúdos completamente diferentes ou sites repletos de publicidade que não correspondem à expectativa gerada. Títulos como esses geralmente não são bem vistos, principalmente quando pregam peças em seus leitores.

## CAPÍTULO 10

- » **Cuidado para não propagar fake news**: seja cuidadoso ao levar adiante uma informação. Procure checar fontes e datas sempre que possível. Se citar alguém ou um estudo, deixe claro como a fonte original pode ser acessada ou qual o nome da pessoa. Na era da pós-verdade, como afirma Raul Santahelena no livro *Truthtelling* (2017), "os fatos têm menos importância do que a construção imagética que consumimos e construímos em torno deles. As bolhas de opiniões favoráveis às nossas convicções, cujas paredes são programadas a partir de nossos hábitos de engajamento, compõem hoje uma construção imagética totalmente enviesada e alienada".

- » **Dê o crédito, sempre**: não é legal copiar conteúdo de outras pessoas e publicar como se fosse seu. Você sempre tem a opção de compartilhar o conteúdo original quando gosta muito dele. Se desejar usar algum trecho, convém citar o autor e, em alguns casos, até mesmo entrar em contato com ele antes.

# CAPÍTULO 11
# SEGREDOS PARA UM BOM CONTEÚDO

O momento de escrever assusta muita gente. Parece que as ideias não fluem, que não se sabe exatamente como começar. Mesmo para quem está acostumado a escrever, acredite, nem sempre a inspiração vem. Às vezes, você escreve, escreve e nada fica bom. Apaga e refaz várias vezes. Em outros dias, sente que está mais inspirado, destravado.

## CAPÍTULO 11

A dificuldade em iniciar um conteúdo costuma ser maior quando não temos claro o objetivo do texto ou quando buscamos pelos "começos perfeitos". No dia a dia, nós nos comunicamos verbalmente de forma natural, contando histórias, e contextualizamos a maioria dos fatos, mas, quando precisamos digitar, parece que travamos. Por que não ser também natural no modo de escrever? Como você contaria um acontecimento em sua vida para um amigo? De repente, pode ser algo como "Outro dia eu saí cedo para trabalhar e, quando fui ligar o carro, percebi que o pneu estava furado" e, a partir daí, seguimos falando. Um bom texto no LinkedIn também pode começar dessa forma. Não é preciso fazer começos espetaculares, enrolados ou acabar com a graça do que está escrevendo revelando na primeira linha o motivo, justificando o que está fazendo.

Ao escrever, é preciso prezar pela clareza, por levar ao texto a informação que é necessária naquele momento, não confundir o leitor apresentando ideias que não precisariam estar ali, tampouco serem aprofundadas (pode-se fazer isso anexando links para outros conteúdos). Quantos passos você precisa voltar para situar seu leitor? Será que ao falar sobre um determinado assunto você precisa, obrigatoriamente, definir seu significado ou contar toda sua história?

**O que um algoritmo pode ensinar sobre clareza na comunicação**

Há um vídeo interessante circulando pela internet que pode trazer uma boa reflexão sobre a quantidade de informação que é preciso fornecer para garantir clareza ao que você escreve. Nele, um pai usa a montagem de um sanduiche para explicar aos filhos o que é um algoritmo. Na mesa, ele possui ingredientes para isso e pede que os filhos escrevam em um papel quais são os passos para montá-lo da forma correta. Então, o pai lê em voz alta o que os filhos escreveram e começa a seguir suas instruções à risca.

Logo os filhos percebem que deixaram de escrever informações óbvias, que, por não estarem descritas, levam o pai a fazer algo diferente do que previram, como quando a instrução não deixa claro em que lado do pão a maionese deve ser passada. As crianças piram ao perceberem que precisarão escrever as instruções outra vez e o processo se repete até que elas percebam o quanto precisam ser claras para que o sanduíche seja montado da maneira correta. A brincadeira que o pai faz com os filhos acontece na intenção de mostrar a eles que assim funciona um algoritmo: a partir de instruções precisas. Se elas não existirem de forma detalhada, ele não funcionará da forma ideal.

### Gerador de lero-lero

Já ouviu falar no termo "gerador de lero-lero", um site no qual, a partir de algumas palavras digitadas, era possível gerar um texto completo, repleto de enrolações e frases que pouco significavam? Ao escrever artigos, algumas pessoas acabam fazendo isso, na ansiedade de conseguir rápido uma quantidade expressiva de linhas. Entretanto, encher o seu texto de redundâncias será pouco efetivo. O leitor terá a impressão de que aquele trecho pouco contribuiu, que poderia ter ficado de fora, que ele perdeu tempo.

Para evitar isso, é preciso ter repertório, caso contrário será muito difícil escrever mais do que algumas poucas

## CAPÍTULO 11

linhas. Após escrever uma frase, leia-a em voz alta e verifique se há algo que pode ser cortado ou mesmo palavras que estão repetidas e que poderiam ser trocadas por sinônimos. Veja se ao longo do texto você voltou a um assunto que já havia sido abordado e que já estava "resolvido", senão vai parecer que você nunca conclui a ideia.

As chamadas categorias redundantes tornam seu texto raso e nada denso. Veja algumas delas e evite ao máximo usá-las:

- » Cada um individualmente
- » Crença pessoal
- » Crise repentina
- » Descer para baixo
- » Elo de ligação
- » Fato verdadeiro
- » Repetir duas vezes
- » Dentre outras...

Procure também fugir dos clichês. Tudo o que é muito "batido" perde a graça e acaba passando despercebido, não gera nenhuma emoção diferente ao ler. Isso sem falar que você corre o risco de não ser bem interpretado por alguém que nunca tenha ouvido. Veja alguns deles:

- » A pergunta que não quer calar
- » A união faz a força
- » As voltas que o mundo dá
- » Chovendo canivete

- » Conhecer como a palma da mão
- » Dar nome aos bois
- » Com a faca e o queijo na mão

**Tornando seu conteúdo atemporal**

Se você quiser que sua produção de conteúdo trabalhe por você vinte e quatro horas por dia, aposte em conteúdos "evergreen", ou seja, temas atemporais, que permanecem interessantes o ano todo, não apenas em determinado momento, como geralmente acontece com as notícias, muito pontuais, factuais e que ficam facilmente datadas.

Escreva sobre assuntos que continuarão atraindo a atenção ainda que alguns meses ou anos se passem. Se perceber que precisou colocar uma informação que com o tempo pode ficar ultrapassada, atualize seu conteúdo periodicamente, incluindo informações novas. Por exemplo: suponha que você crie um artigo listando eventos de marketing imperdíveis em 2019. Durante o ano a lista se tornará relevante, mas, no ano seguinte, ela poderá não gerar interesse algum. O que fazer?

Não apague o que escreveu, esse conteúdo pode já ter contabilizado visualizações, ter recebido comentários ou até estar indexado em buscadores, ajudando mais leitores a chegarem até você. Uma saída é mantê-lo no ar e criar um conteúdo novo, agora falando de eventos de 2020, por exemplo, e voltar ao conteúdo já criado para editá-lo e incluir uma linha dizendo algo como "veja os eventos imperdíveis de 2020 também".

## CAPÍTULO 11

### Revisões nunca são demais

Quando estamos escrevendo, ainda que façamos revisões, às vezes deixamos erros passarem. Sempre que possível, peça a alguém para ler, especialmente se estiver começando e ainda inseguro, porém não fique esperando aprovação para prosseguir o resto da vida, vá em frente. Austin Kleon, autor do livro Roube como um artista, diz que validação é para seu cartão de estacionamento, não para suas ideias.

### Não tenha medo de compartilhar conteúdo

O receio de algumas pessoas é que, ao compartilharem conteúdos, deixem de ser contratadas, afinal elas já "entregaram o ouro". O marketing de conteúdo acredita que devemos produzir o melhor e mais completo conteúdo possível. Ao fazer isso, você demonstra seu conhecimento e aumenta a percepção de ser uma autoridade, alguém confiável na área. Geralmente, o que se vê como resultado é um aumento na procura pelo profissional que compartilha, não o contrário.

Quem passa a acompanhar conteúdos de qualidade produzidos por um nutricionista, por exemplo, certamente terá vontade de ser atendido por ele, ainda que em seus canais muita informação tenha sido compartilhada gratuitamente. É preciso ter em mente que o seu público estratégico terá o desejo de contratá-lo e o fará, seja agora ou depois, enquanto sempre existirão aqueles que apenas consumirão e, por diversos motivos, nunca se tornarão clientes. Isso é normal e esperado em um funil de vendas. Por isso o nome é funil, inclusive.

Entretanto, se você tem receio em entregar tanto, compartilhe apenas seus pontos, sem fazer conexão entre eles. Você tem esse poder. Você conhece a fundo sua área de especialidade e sabe o que poderia ser omitido caso esse receio exista.

**Inclua links de outros conteúdos para aumentar a recirculação**

Seus conteúdos editáveis (como é o caso de artigos, não de vídeos já gravados, por exemplo) podem ser editados sempre que você quiser, seja para corrigir erros ou adicionar informações. Eles devem ser vistos como algo dinâmico, que pode receber novos links e atualizações em vários momentos. À medida que escreve novos conteúdos, você pode editar os que já publicou e analisar se há correlações em determinados trechos, para os quais você poderia linkar outros conteúdos já produzidos e ajudar a aumentar o que chamamos de recirculação em seus conteúdos, fazendo com que as pessoas permaneçam mais tempo em contato com suas produções.

**Escreva sobre o que você gosta**

Em uma consultoria, atendi uma profissional que queria muito escrever artigos em seu LinkedIn, mas não sabia sobre o que começar. De repente, entramos em uma conversa sobre horários de acordar e ela me disse, de uma maneira muito empolgada, que estava aplicando há algum tempo em sua vida o que havia lido em um livro. Agora, ela acordava muito mais cedo e conseguia realizar diversas tarefas. Juntas, falamos sobre o quanto poderia ser legal se ela escrevesse sobre o tal livro e como ele havia mudado aspectos de sua vida.

Esse certamente seria um assunto que atrairia interesse, especialmente se tivesse um título bem interessante, afinal, de modo geral, as pessoas gostam de recomendações e resenhas de livros e os ensinamentos deste em questão poderiam ser úteis a diversos tipos de profissionais. Como ela também é coach, o assunto se tornaria ainda mais adequado. E foi de uma conversa boba que a inspiração surgiu.

Por mais que existam técnicas sobre como descobrir temas, nada melhor do que falar sobre o que você gosta ou viveu de perto. Esses costumam ser bons temas.

### "De acordo com estudos" – Citando fontes

Sempre que citar dados ou estudos, busque referenciá-los incluindo um link para a fonte original; isso ajuda a aumentar sua credibilidade também. Não é nada legal afirmar que "de acordo com estudos mulheres bebem mais cerveja do que homens", afinal, qual é esse estudo? Quando foi publicado? Seu público vai querer ver.

Algumas vezes temos acesso a pesquisas e dados tão interessantes que podemos usá-los como ponto de partida para escrever algo maior, adicionando ideias próprias "ao redor" deles. O caminho contrário também é válido. Pode-se escrever algo e depois ir em busca de estudos ou infográficos que confirmem aquele cenário.

### Envolva as pessoas

Em um voo da Azul Linhas Aéreas encontrei algo bacana na revista de bordo da companhia. Havia um incentivo para que os leitores-passageiros enviassem fotos de paisagens clicadas por eles em suas viagens. As fotos poderiam aparecer na revista em algum momento. Uma maneira muito bacana de envolver a comunidade e também de reduzir os custos com a produção de conteúdo. Ou seja, quem envia uma foto está cedendo o material e consentindo sobre seu uso, além de se sentir parte de alguma forma daquela criação. Isso ajuda a imprimir um pouco da comunidade no negócio.

Será que de alguma forma o seu público pode ser envolvido na produção de conteúdo da sua marca? Vamos a mais um exemplo. Imagine que você escreva sobre casamentos, pois sua empresa atua nesse segmento. Haverá, certamente, diversos leitores vivendo na prática o assunto, planejando suas próprias cerimônias e festas, cheios de dúvidas e dicas. Pode ser muito bacana trazer algum deles para escrever um post compartilhando alguma dica ou citar uma frase enviada em um artigo.

Convide pessoas a enviarem questões sobre sua área de negócio, assim você descobrirá o que eles gostariam de ler. Até mesmo os colaboradores de sua empresa podem ser envolvidos, porque eles conhecem muito bem o negócio e a área em que atuam.

**Vulnerabilidade**

Alguns anos criando conteúdo me trouxeram uma importante lição: junto com a autenticidade pode vir a vulnerabilidade. Isto é, deixar transparecer de forma natural em alguns momentos revelações que confirmam que você não é um ser humano perfeito, afinal, todos erramos também, temos medos e dúvidas no dia a dia. Querer passar a imagem de perfeição é uma bobagem. Muitos dos conteúdos de terceiros que mais me marcaram foram aqueles que revelaram vulnerabilidades, como um artigo em que um profissional de bastante renome assumia que, em certo momento da carreira, havia descoberto que não era um bom líder ou outro em que ele deixava claro como havia sido responsável por desenvolver um alto nível de estresse em sua ânsia por trabalhar muito.

A vulnerabilidade também nos conecta, mas, para funcionar, precisa ser usada sem exageros. Não será nada legal se todos os seus conteúdos abordarem seus fracassos e deficiências. O contrário também é real: se as histórias por trás de seus conteúdos sempre tiverem a intenção de mostrar o quanto você é bom, poderá causar uma imagem de arrogância.

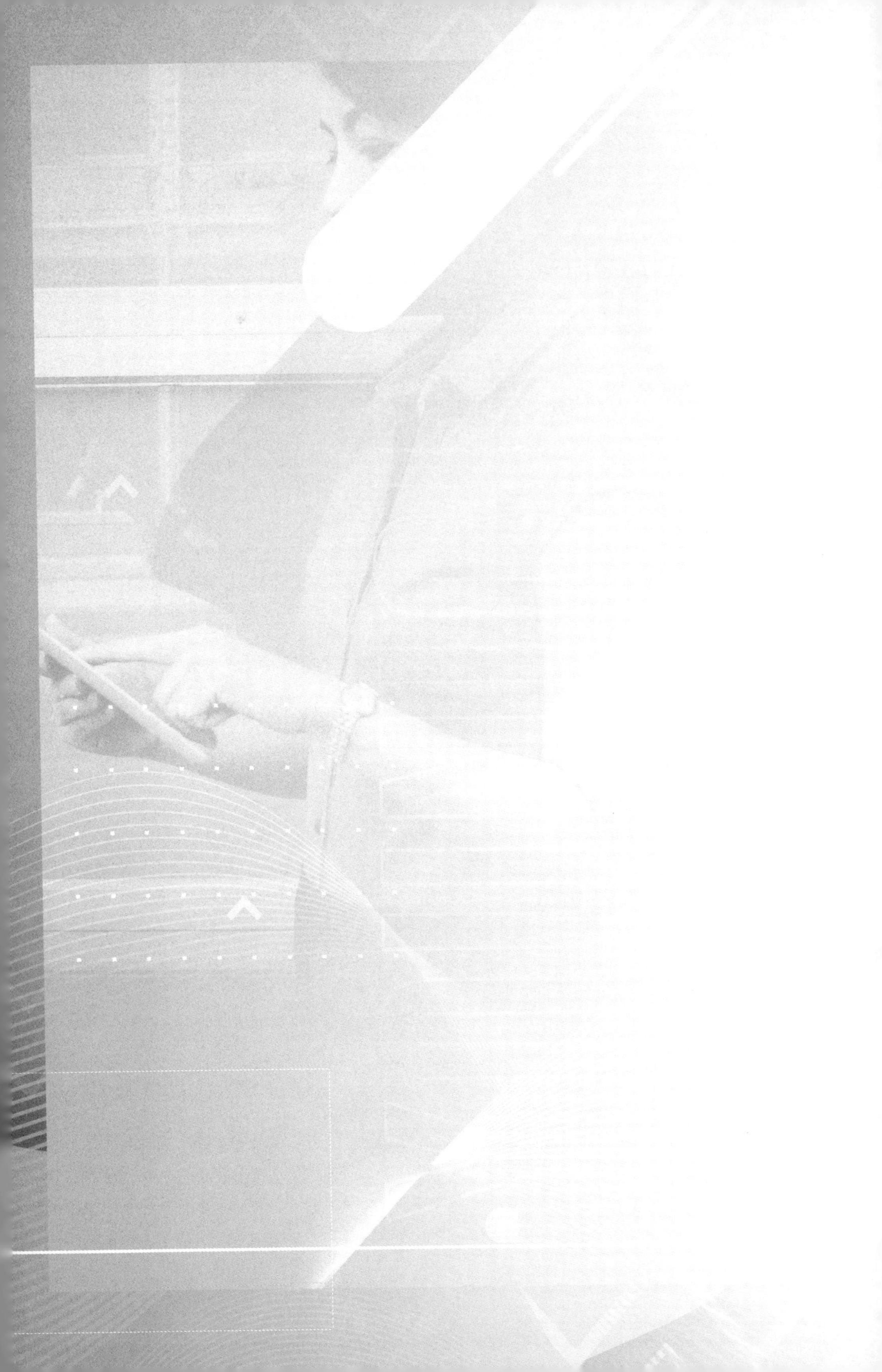

## CAPÍTULO 12
## COMO CONSEGUIR MAIS LEITORES

É natural que, ao produzir conteúdo na internet, você queira ser lido, afinal, ninguém gosta de falar com as paredes, porém, em toda estratégia envolvendo produção de conteúdo, é saudável ter em mente que os resultados não acontecerão do dia para a noite. Aos poucos, persistindo e fazendo dessa produção uma atividade contínua, será possível crescer e ser lido por mais pessoas. Nem sempre se deve buscar quantidade, mas, sim, qualidade. Todo esse movimento de produzir conteúdo deve ser algo natural, pensado para ser algo positivo de um modo geral para você.

O resultado de um conteúdo na internet depende de inúmeros fatores: o tamanho de sua rede, a escolha do tema, do título e da imagem, o jeito como ele foi escrito e formatado, quem interagiu nele, entre outros. Não se deve fazer dessa atividade uma ansiedade ou se tornar obcecado por números ou resultados; o processo precisa ser natural, contínuo, paciente e prazeroso. Não será necessariamente um post ou um artigo que irá salvar sua carreira ou ajudá-lo a conseguir um emprego, nem mesmo vários deles juntos. Há muitas coisas envolvidas nesse processo.

No livro *Roube como um artista*, Austin Kleon diz que a fórmula não tão secreta para se tornar mais conhecido é fazer um bom trabalho e compartilhá-lo com as pessoas. Para fazer um bom trabalho não há atalhos; é preciso fazê-lo todo dia e entender que às vezes você ficará travado por algum tempo. Já a etapa de compartilhar com as pessoas ficou muito mais fácil com as ferramentas que possuímos atualmente; basta colocá-las na internet.

Como dica para aumentar sua visibilidade na rede, um bom caminho é interagir em posts de outras pessoas, buscando contribuir e ser relevante com opiniões colocadas com respeito e cordialidade, afinal, tudo o que você faz em uma rede social fica registrado em seu perfil. Até mesmo um like é uma espécie de endosso.

Uma dica é mapear profissionais importantes em sua área e segui-los, interagindo sempre que possível (e até enviar convites de conexão para alguns deles, sempre adicionando uma notinha se apresentando e dizendo por que gostaria de se conectar com ele). Dessa forma, quando outros usuários lerem suas interações, se as acharem interessantes, certamente terão curiosidade em ir até seu perfil para saber mais sobre você e, ao encontrarem conteúdos interessantes, poderão passar a segui-lo também.

Participar de grupos é igualmente uma maneira de conhecer mais pessoas e ampliar sua rede, um canal para divulgar seus novos artigos, por exemplo. Sempre que publicar um novo conteúdo, vale a pena divulgá-lo em suas outras mídias sociais, para ajudar a levar público para ele.

É preciso ser paciente e persistir com sua produção de conteúdo. Se optar por enviar algo que tenha escrito a alguém, tenha cuidado com a abordagem e evite fazer spam, enviando mensagens aleatórias. Procure marcar em seus posts apenas pessoas que estejam relacionadas ao assunto e que, de repente, possam contribuir de alguma forma, visto que algumas pessoas não gostam de receber citações públicas, principalmente à toa, já que esse conteúdo ficará visível no perfil dela.

Aos poucos, novas pessoas se juntam e, se para elas ficar claro que você costuma estar sempre presente, passarão a esperar por novos conteúdos seus. Se elas gostarem muito de algo que você tenha criado, certamente deixarão um comentário ou mesmo recompartilharão o post ou artigo, fazendo-o ser ainda mais visto por outras pessoas. Em uma rede social, quando alguém recompartilha algo que você publicou, pode-se considerar que o conteúdo agradou bastante. No LinkedIn, seja em posts ou em artigos, é possível verificar na aba de estatísticas não apenas número de visualizações, curtidas e comentários, mas também se o conteúdo foi recompartilhado, por quem e o que foi dito sobre ele.

Responder aos comentários deixados por outros usuários também pode ajudá-lo a crescer na rede. Essa ação demonstrará atenção e cuidado, e as pessoas gostam de obter respostas ao que deixaram. Personalizar as respostas demonstra ainda mais atenção, entretanto, se sua rede crescer e seu conteúdo passar a ser visto por muita gente, pode ser que em algum momento você não consiga responder a todo mundo. Eis aqui um desafio. Há pessoas que optam por terceirizar essa atividade. Minha opinião é que o seu perfil no LinkedIn é algo muito pessoal e o ideal é que você mesmo o administre, mas, nesse ambiente, não é incomum quem contrate profissionais ou empresas para escrever em seu nome ou gerenciar suas páginas.

**O que faz um conteúdo "contagiar"**

Algumas vezes criamos conteúdos cujos resultados impressionam. O sucesso deles pode depender de diversos fatores, às vezes isolados, às vezes em conjunto. Quando o engajamento é alto, isto é, quando as pessoas sentem vontade de curtir, comentar e compartilhar seu conteúdo, há muito mais chances de ele ganhar ainda mais alcance. Quando nos damos conta de que recebemos uma quantidade considerável de visualizações, mas não há nenhuma interação, pode ser que algo no conteúdo não tenha ficado tão bom. No início, ao publicar os primeiros conteúdos, é completamente esperado que você sinta que está falando com as paredes. Aos poucos, se persistir e puder criar conteúdos realmente relevantes, as pessoas o verão, afinal, elas adoram compartilhar e interagir em boas histórias, notícias e informações ao seu redor.

No livro *Contágio, porque as coisas pegam*, de Jonah Berger, o autor descreve seis princípios do contágio e, em minha opinião e experiência, alguns são bastante consideráveis ao produzir conteúdos na internet. Um deles é a moeda social, isto é, que impressão as pessoas causam ao falar sobre um produto ou ideia? A maioria prefere parecer esperta em vez de burra, rica em vez de pobre e descolada em vez de panaca. Assim como as roupas que vestimos e os carros que dirigimos, aquilo que falamos influencia o modo como os outros nos veem. Saber de coisas bacanas, como um liquidificador que pode despedaçar um iPhone faz as pessoas parecerem sagazes e antenadas. Por isso elas amam compartilhar essas descobertas.

A emoção é outro princípio. Quando nos importamos, compartilhamos. Ideias que fazem as pessoas sentir algo se tornam contagiantes e provocam emoções, e coisas emocionais são constantemente compartilhadas. Entretanto, tudo depende do tipo de emoção. Algumas aumentam o compartilhamento e outras, reduzem. Ficar impressionado com um liquidificador capaz de despedaçar iPhones ou sentir raiva quando o preço do combustível sobe mais uma vez leva a compartilhamentos.

Outro princípio é o valor prático. Como podemos elaborar conteúdo que pareça útil? As pessoas gostam de ajudar os outros e por isso são propensas a compartilhar produtos ou ideias que vão poupar tempo, melhorar a saúde ou economizar dinheiro.

## CAPÍTULO 12

Jonah Berger também fala da importância das histórias, sobre em que narrativa mais ampla podemos envolver nossas ideias, já que as pessoas não compartilham apenas informação, mas contam histórias. Para o autor, o caminho seria construir "cavalos de Troia", embutindo nossos produtos e ideias em histórias que as pessoas queiram contar, de modo que a mensagem seja intrínseca à narrativa a ponto de as pessoas não poderem contar a história sem ela.

### Lidando com diversos tipos de "leitores"

Nem sempre você encontrará em seu caminho leitores agradáveis. Alguns deles podem ser mal-educados e responderem de uma forma que você não desejaria. Apagar uma resposta nem sempre é o caminho. Isso pode, inclusive, gerar ainda mais raiva em quem deixou o comentário. O melhor caminho é definir suas próprias regras: em que momentos você deixará sem resposta e em quais responderá? Como será o tom da mensagem? Às vezes, ser rude na resposta tornará tudo muito pior. Em alguns casos, o melhor é conversar com a pessoa de forma privada. Ser cuidadoso com os assuntos abordados e o tom escolhido ajuda a evitar esses problemas.

Nesse meio você poderá encontrar haters e lovers, ou seja, pessoas que odeiam outras pessoas e espalham o ódio ou discordam de tudo, e pessoas que se tornam fãs e passam a acompanhá-lo sempre, respectivamente.

Não é porque uma pessoa está no LinkedIn e aparenta ter um perfil pomposo que você deve acreditar nela ou revelar informações sigilosas, enviar documentos ou dinheiro. Desconfie sempre. Há bandidos em todos os lugares.

*Networking* é algo realmente incrível, mas recomendar ou endossar pessoas que você não conhece ou conhece pouco é um risco. Nunca se sabe com quem estamos lidando.

# CAPÍTULO 13
# NINGUÉM É IGUAL A VOCÊ E ESSE É SEU PODER

Você seria capaz de responder qual foi o dia exato em que começou a amar uma pessoa? O visionário Simon Sinek traz essa metáfora ao falar sobre como alguém se torna um líder. Será que existe um botão que se aperta e, a partir dali, você começa a amar alguém? Ou um botão que repentinamente o faz ser um exemplo de liderança? Para ele, não. O segredo está em fazer um pouco por dia, está

## CAPÍTULO 13

na consistência e na persistência. Assim como não adianta ficar nove horas direto na academia para obter resultados ou ir ao dentista uma só vez para ter todos os dentes perfeitos, mas persistir durante aqueles vinte minutos diários se exercitando e aqueles dois minutos pós-refeições escovando os dentes. São eles que farão a diferença e, que, em conjunto, significarão algo. Na liderança, não se trata de passar dois dias assistindo a várias palestras sobre o assunto e receber um certificado para finalmente ser um líder. O mesmo vale para a sua carreira.

Sua carreira não crescerá do dia para a noite, ainda que você passe uma semana ou um mês todo fazendo os melhores cursos ou lendo os melhores livros. Não é como colocar lenha na fogueira para ver mais fogo, mas sobre persistir, mantendo a chama acesa diariamente, ainda que ela seja tímida. Tampouco é sobre ler um monte de coisas e não aplicá-las, por medo, preguiça ou qualquer outro motivo.

Cuidar de sua carreira envolve uma porção de coisas e uma delas é seu marketing pessoal, que pode ser beneficiado com uma comunicação interessante, com um perfil no LinkedIn bem completo ou com conteúdos relevantes e bacanas compartilhando suas visões e experiências. Entretanto, não vai adiantar produzir uma dezena de artigos em poucos dias para o resultado aparecer. Tantas vezes você fará algo e não verá nada acontecer. Sentirá que ninguém lê o que você faz ou que nada de novo acontece em sua carreira, ainda que tenha se esforçado para ser reconhecido ou para conseguir um novo trabalho.

A história que você trilhou sempre será única e o que você tem de diferente se torna o seu diferencial. Em um mundo repleto de gente, é preciso uma dose de coragem para fazer acontecer. É preciso ir com medo, porque coragem é ir com medo. Entender que não existe ninguém perfeito, que do outro lado daquela empresa existe um ser humano, que opiniões podem ser diferentes e tudo bem. É preciso também ter a coragem de não agradar o tempo todo, mas também o cuidado de escolher bem sobre o que você vai falar e onde vai se meter.

Na ânsia por conseguir resultados, existem diversos tipos de apelos, da polêmica ao sensacionalismo, passando pelo uso exagerado de histórias, usando a "jornada do herói", no qual o sujeito é sempre o exemplo ou o salvador da pátria, e todos eles podem, sim, levar a resultados envolvendo altos números de visualizações e até comentários, mas como todos eles estarão de fato contribuindo para uma imagem profissional positiva?

Sua *unique story* e os conteúdos que você vier a produzir na internet podem ajudá-lo a se destacar profissionalmente, a ser mais visto, a conhecer mais pessoas, a ser indicado quando se lembrarem de como você é uma referência positiva em sua área. Tudo isso também o ajudará a aprender e a avançar. Basta começar, persistir, aprender durante o processo, sendo sempre gentil consigo mesmo, e um dia vai acabar parecendo que você realmente apertou um botão e toda a mágica aconteceu.

Compartilhar conteúdo relevante sempre será positivo para a sua imagem e em cada um deles existe a oportunidade de levar adiante uma ideia bacana, tantas vezes única. Por exemplo, qual conselho prático você daria para alguém que deseja entrar na sua área? Quais são as previsões para o seu setor em 5, 10 ou 15 anos, e como será o caminho até lá? Quais habilidades são essenciais para o

## CAPÍTULO 13

seu cargo ou na sua empresa, e por quê? Como sua função, profissão ou setor mudou desde o início da sua carreira? O que você faria diferente se precisasse recomeçar a sua carreira e por quê? Como você ingressou nesta profissão? Que desafios você percebe para o futuro da sua profissão? Que macetes você emprega todos os dias para tornar sua vida profissional mais fácil? Que falhas aconteceram ao longo do caminho que ajudaram a transformá-lo em um sucesso? Além disso, vá além de sua vida profissional. Há algo em que se envolveu fora da sua atividade diária que você pode compartilhar com o mundo - como uma palestra ou um vídeo produzido? O que você aprendeu recentemente? Qual foi o último artigo/livro que você leu e gostou? Você tem alguma opinião sobre um evento atual que ocorreu esta semana? Qual é a sua parte favorita do dia? O que você faz para alcançar o equilíbrio entre trabalho e vida pessoal?

Compartilhe sempre que houver algo interessante. Este é um caminho para fortalecer seu perfil profissional e aumentar sua credibilidade.

O conteúdo que compartilhei na rede durante alguns anos ajudou a transformar positivamente minha carreira e também a das pessoas ao meu redor que apostaram nisso. Elas também podem ajudar você. Lembre-se sempre: ninguém é igual a você e esse é o seu poder.

## CONTATO COM A AUTORA

Visite meu perfil no LinkedIn, ficarei muito feliz em receber uma mensagem sua com um *feedback* sobre este livro! O endereço é:

**www.linkedin.com/in/flaviagamonar**

Para saber mais sobre cursos, palestras e treinamentos incompany ministrados por mim acesse:

**www.flaviagamonar.com**

ou escreva para:

**contato@flaviagamonar.com**

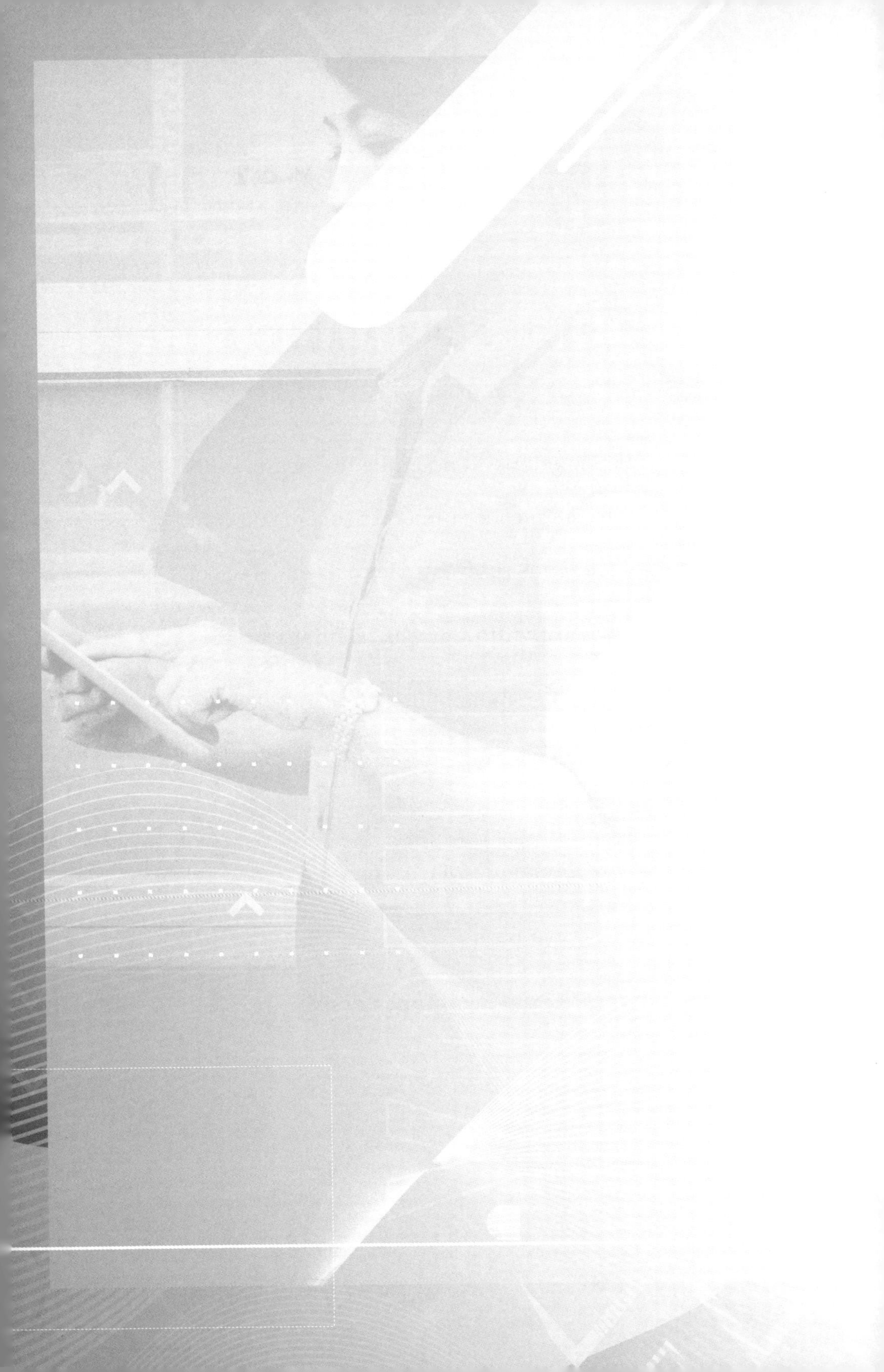

# REFERÊNCIAS BIBLIOGRÁFICAS

BERGER, Jonah. *Contágio: por que as coisas pegam.* São Paulo: Leya Brasil, 2014.

BERGER, Jonah. *O poder da influência: as forças invisíveis que moldam nosso comportamento.* Rio de Janeiro: Alta Books, 2018.

GALLO, Carmine. *Storytelling: aprenda a contar histórias com Steve Jobs, Papa Francisco, Churchill e outras lendas da liderança.* Rio de Janeiro: Alta Books, 2018.

KLEON, Austin; VILLA-FORTE, Leonardo. *Roube como um artista: 10 dicas sobre criatividade.* Rio de Janeiro: Rocco, 2013.

SANTAHELENA, Raul. *Truthtelling: por marcas mais humanas, autênticas e verdadeiras.* Curitiba: Voo, 2018.

www.dvseditora.com.br